Ich schenk dir eine Geschichte '99
Neue Reisegeschichten

OMNIBUS

Wir danken den Autorinnen und Autoren sowie den Schülerinnen und Schülern, die ihren Leserinnen und Lesern diese Geschichten geschenkt haben.

Wir danken folgenden Firmen, mit deren freundlicher Unterstützung dieses Buch ermöglicht wurde:

Mochenwangen Papier (Textpapier)
Tullis Russel Company, Schottland (Umschlagkarton)
Uhl + Massopust, Aalen (Satz)
Repro Stegmüller, München (Umschlagrepro)
Elsnerdruck GmbH, Berlin (Druck/Bindung)
VVA Vereinigte Verlagsauslieferungen, Gütersloh

Ich schenk dir eine Geschichte '99

Neue Reisegeschichten

Herausgegeben von
der Stiftung Lesen,
der Verlagsgruppe Bertelsmann,
der Deutschen Bahn AG
und Mitsubishi Motors,
Partner der Stiftung Lesen

OMNIBUS

OMNIBUS

Band 20700

Der Taschenbuchverlag
für Kinder und Jugendliche
von Bertelsmann

Umwelthinweis:
Dieses Buch wurde auf chlorfrei gebleichtem
Papier gedruckt.

Einmalige Sonderausgabe April 1999
Gesetzt nach den Regeln der Rechtschreibreform

Umschlagbild: Rotraut Susanne Berner
Umschlagkonzeption: Klaus Renner
NB · Herstellung: Stefan Hansen
Satz: Uhl + Massopust, Aalen
Druck: Elsnerdruck, Berlin
ISBN 3-570-20700-5
Printed in Germany

Vorwort

Ein Meer von Geschichten

Was muss das für ein Tag werden, an dem schon morgens das Geodreieck ins Goldfischglas fällt? Das und vieles mehr wollte die Stiftung Lesen im vergangenen Jahr zum »UNESCO Welttag des Buches« am 23. April von den Fünft- und Sechstklässlern zwischen Flensburg und Lörrach wissen.

Beim Geschichtenerfinder-Wettbewerb »Ich schreib dir eine Geschichte« sollten die Kinder Anfänge von Erzählungen zu Ende führen, die bekannte Kinderbuchautorinnen und -autoren erfunden haben: Jutta Bauer, Monika Feth, Volkmar Röhrig, Achim Bröger und Rudolf Herfurtner.

Das Ergebnis übertraf alle Erwartungen: Das Büro der Stiftung Lesen verwandelte sich im wahrsten Sinne des Wortes in ein »Meer von Geschichten«. 30 000 Kinder schickten spannende und beeindruckend phantasievolle Kriminalstorys, Abenteuererzählungen und Bildergeschichten rund ums Reisen ein.

Die preisgekrönten Schüler-Erzählungen werden hier zusammen mit denen der Autorinnen und Autoren veröffentlicht. So wird das Buch zu einer einzigartigen Geschichten-

Sammlung, die zu Reise-Träumen und zum Weiterlesen anregt. Wer sich vom Lese-Bazillus anstecken lässt, erlebt sein Leben lang wunderbare Abenteuer – und hat keine Chance mehr, sich zu langweilen.

Unser Dank gilt den Autorinnen und Autoren – und wir wünschen allen einen erlebnisreichen Welttag des Buches 1999 bei einer der zahlreichen Aktionen.

Dr. Ing. e.h. Heinz Dürr
Vorstandsvorsitzender
der Stiftung Lesen

Frank Wössner
Vorstandsvorsitzender
der Bertelsmann Buch AG

Dr. Johannes Ludewig
Vorstandsvorsitzender
der Deutschen Bahn AG

Horst Wiltmann
Geschäftsführer der
MMC Auto Deutschland GmbH
Importeur für
Mitsubishi Automobile

Inhalt

Achim Bröger

In siebzehn Minuten fährt der Zug!

Mama will etwas unternehmen. Heute ist nämlich Sonntag und leider wird sie sonntags immer besonders munter. Jetzt schimpft sie: »Ihr faule Bande. Ihr könnt doch nicht den ganzen Tag vergammeln.« O doch, ich könnte schon. Ich darf bloß nicht. »Bloß raus aus dem Stadtmief und an die frische Luft«, sagt Mama. Wir stöhnen und sie guckt unzufrieden von einem zum anderen. Dazu schimpft sie: »Und das ist meine Familie!«

Einen Papa haben wir übrigens auch. Der möchte gerne im Sessel sitzen bleiben und Zeitung lesen. Eigentlich ist er nämlich ein Sonntagsfaulenzer. Aber die Faulenzerei fällt aus, weil wir etwas unternehmen müssen. Dumm ist nur, Papa fällt nicht ein, was wir unternehmen könnten. Und Mama fällt heute und auch sonst am Sonntag immer nur ein: »Kinder, wir fahren zu Oma.«

Richtig begeistert wirkt keiner von uns. Mama sagt streng: »Erstens ... ihr fahrt doch gerne mit dem Zug? Zweitens ... Oma freut sich!« Sie guckt zu Papa. »Jaja!«, brummt der und faltet ergeben die Sonntagszeitung zusammen.

»Am Bahnhof gibt's dann auch ein Eis!«, verspricht Mama. »Au ja!«, brüllen Clara, Sebastian, Judith und Anna, die ganze bestechliche Meute. Damit hat Mutter meine kleinen Geschwister herumgekriegt.

Ich glaub, Mama kapiert wohl nie, dass Ausflüge mit diesem Wuselhaufen eine Katastrophe sind. Dazu kommt, sie hat extrem schwache Nerven. Und außerdem will sie sonntags einfach unbedingt eine liebe, nette Ausflugsfamilie haben. Die hat sie aber nicht, denn da gibt's unsere kleinen Monster: die Clara, den Sebastian, die Judith und die Anna.

Jetzt wimmeln die Monster alle durcheinander. Und Papa sagt kein Wort davon, dass er lieber zu Hause hocken möchte wie ich. Dieser Feigling! Oh, das wär toll, wenn wir beide mal zu Hause blieben. Papa und ich! Nichts tun, vielleicht ein bisschen quatschen. Ruhig wär's. Keiner wollte etwas von einem wie sonst. Ich bin nämlich hier die große Schwester und von der wollen immer alle etwas. Blöd ist das.

Jeder holt jetzt alle möglichen Sachen, die er mitnehmen möchte. Danach wollen sich Sebastian und Clara auf keinen Fall umziehen, müssen das aber. In der Zwischenzeit sucht Judith einen Schuh und Anna einen Strumpf. Und Mama fragt: »Wieso fehlen eigentlich seit Jahren ständig einzelne Strümpfe? Versteckt die einer?«

Keine Ahnung. Papa sucht auch etwas, seinen Geldbeutel nämlich, und Mama sagt: »Der Zug fährt in fünfundzwanzig Minuten. Beeilung! Los!« ...

Fortsetzung der Klasse 6b des
St.-Ursula-Gymnasiums in Lenggries

Papa hat anscheinend die Mitteilung von Mama nicht mitbekommen. Er sucht in Zeitlupe weiter nach seinem Geldbeutel. Er sieht überall dort nach, wo er ganz bestimmt nicht ist: in der Waschmaschine, in Annas Sockenschublade und in der Schuhkiste, wobei er dort auch den Socken von Anna findet, der in dem Schuh von Judith steckt. Judiths anderer Schuh begegnet ihm beim Suchen in der Waschmaschine. Mama kann Papas Sucherei nicht mehr mit ansehen. Sie greift in seine Jackentasche und zieht den Geldbeutel heraus. Papa guckt jetzt etwas traurig, denn er wollte ihn erst in einer Stunde dort finden, wenn der Zug schon abgefahren ist.

»Der Zug fährt in 20 Minuten«, ruft Mama jetzt durch das Haus. Ein Riesenberg von Spielzeug hat sich mittlerweile vor ihren Füßen angesammelt.

»Bei Oma ist es immer sooooooo langweilig«, begründen meine kleinen Geschwister diesen Haufen.

»Marion, räum das sofort wieder auf und nimm die Jacken von Sebastian und Clara gleich mit!«, fordert Mama mich auf. Schon wieder möchte jemand etwas von mir. Wenn das so weitergeht, dann wandere ich aus, und zwar nach Australien. Aus Protest schiebe ich das Zeug schnell ins Wohnzimmer und stolpere dabei über die Eisenbahn, die diese kleinen Monster vorher aufgebaut haben. Doch irgendwann befördert Mama uns doch aus der Haustür hinaus.

Wir gehen zu Fuß zum Bahnhof. »Wenn man einen Ausflug macht, fährt man nicht mit dem Auto«, behauptet Mama immer. Aber plötzlich fangen die Zwerge an zu quengeln und wollen nicht mehr weitergehen. Sie laufen auf eine Wiese, die neben der Straße verläuft, und fangen an Blumenkränze zu binden. Mama sieht ungeduldig auf die Uhr und fällt beinahe in Ohnmacht. Sie alarmiert die Blumenkranz-Knüpfrunde, zu der Papa sich schon dazugesellt hat: »In siebzehn Minuten fährt der Zug!«

Normalerweise benötigt man für die Strecke zum Bahnhof eine knappe halbe Stunde. Mama packt mir Clara wie einen schweren Kartoffelsack auf den Rücken. Papa muss gleich zwei Bälger tragen, Sebastian auf den Schultern und Judith auf dem Rücken, da er der Stärkste ist. Mama nimmt Anna auf den Rücken und so rennen wir mit dieser Ladung Kinder in Richtung Bahnhof. Während wir laufen, fällt Anna ein, dass sie ihren Blumenkranz vergessen hat, und sie fängt an zu weinen. Damit sie sich beruhigt, steckt Mama ihr ein Bonbon in den Mund. Da protestieren die anderen unzufrieden. Also legt Mama eine Pause ein und gibt Sebastian, Clara und Judith auch eines. Wie Könige sitzen sie jetzt auf Papas und meinem Rücken. Papa und ich haben natürlich kein Bonbon bekommen, warum sollten wir auch? Mama sieht auf die Uhr. »Der Zug fährt in zwölf Minuten!!!!!« Sofort galoppieren meine Geschwister auf ihren Pseudopferden weiter. Mann, würde ich Clara gerne runterwerfen. Mama beginnt die Minuten zu zählen: »Noch zehn Minuten ... noch acht Minuten ... noch fünf Minuten ... noch drei Minuten ...« Gerade wollte sie sagen: »Noch eine Minute«, doch da sehen wir, wie der Zug abfährt.

»Das war's dann wohl gewesen«, schnauft Papa und lässt seine beiden Reiter absteigen. Meiner findet den Weg nach unten in fliegender Weise. Nur Mama ist wie versteinert und sieht dem Zug wie in Trance hinterher. Anna zappelt auf ihrem Rücken herum und schreit: »Ich will ein Eis!« Da stimmen Sebastian, Clara und Judith mit ein: »Wir wollen ein Eis!!«

Von diesem Lärm wird Mama dann doch wieder wach. Sie sieht sich nach einem Eisladen um. Und Papa – hat er mir nicht gerade zugezwinkert?

ENDE

Fortsetzung der Volksschule Pfaffenhofen an der Zusam in Buttenwiesen

(Aus Platzgründen kann hier nur ein kleiner Teil der Spiele-Geschichte veröffentlicht werden. Die Hinweise am Ende jedes Kapitels auf die zahlreichen Varianten verdeutlichen aber, wie abwechslungs- und umfangreich das Original ist.)

Endlich hat Papa seinen Geldbeutel und jeder Fuß steckt in einem Strumpf. Wir Kinder stürzen aus dem Haus, reißen die Garagentür auf und nehmen unsere Plätze im Kleinbus ein. Ein normales Auto reicht nämlich bei unserer Familiengröße nicht mehr aus. Wo bleiben nur Mama und Papa? Endlich kommen sie – und los geht die Fahrt. Na, hoffentlich ist nirgends eine Radarkontrolle! Am Bahnhofsplatz angekommen, geht die Parkplatzsuche los.

»Hier ist einer!«, brüllt Judith. Das hätten wir geschafft. Und nun noch im Dauerlauf zum Fahrkartenschalter! Ist das eine Hetze! Wie gemütlich wäre es jetzt zu Hause!

Nein, auch das noch! Am Fahrkartenschalter steht eine lange Schlange. Das kann dauern. Endlich sind wir an der Reihe.

»Zwei Erwachsene, fünf Kinder nach Kleinhausen!«, keucht Papa. Na, »bitte« könnte er auch sagen! Der Mann im Fahrkartenschalter schaut ungläubig. Bestimmt denkt er: Fünf Kinder! Wo gibt's denn so was heutzutage noch? Zu allem Übel fällt Papa jetzt auch noch ein Geldstück auf den Boden! Anna und Sebastian stürzen sich gleichzeitig darauf und knallen mit den Köpfen zusammen. »Auuuuuu!«, brüllen sie wie am Spieß.

Mama rollt gefährlich mit den Augen. »Beeilt euch!«, zischt sie. »Der Zug wartet nicht auf uns!«

Wenn du glaubst, dass wir den Zug noch erreichen, lies hier weiter!
Wenn du glaubst, dass wir den Zug verpassen, lies weiter auf Seite …

Endlich hält Papa freudestrahlend die Fahrkarten in der Hand. Die ganze Meute setzt sich in Bewegung in Richtung Gleis 2. Mama trägt Anna auf dem Arm. Ihre kleinen Beinchen sind unserem Tempo nicht gewachsen. Der Zug steht schon da. Nichts wie hinein! Geschafft! Schon rollt der Zug los. Das war aber haarscharf! Gott sei Dank sind noch genügend Plätze frei. Erschöpft lasse ich mich auf einen Fensterplatz sinken. Clara holt gleich ihre Brotzeitbox heraus und fängt an zu mampfen. Sebastian, Anna und Judith wollen unbedingt mit mir Karten spielen. »Schwarzer Peter« – immer das Gleiche! »Ich schaue lieber aus dem Fenster«, erkläre ich ihnen. Aber damit geben sie sich natürlich nicht zufrieden.

»Spielverderber!«, faucht Sebastian. Ich gebe mich geschlagen. Auch Mama und Papa spielen mit.

»Kindisches Spiel!«, murmle ich und teile die Karten aus. Wir schummeln ein bisschen, damit Papa den »schwarzen Peter« bekommt. Er ärgert sich immer so schön. Nächstes Spiel. Nun müssen wir Mama den »schwarzen Peter« zuschieben. Der Zug fährt langsamer.

»Aussteigen!«, ruft Clara mit vollem Mund.

»Ne, erst bei der nächsten Station!«, erklärt Mama und bemüht sich, ja nicht den »schwarzen Peter« zu erwischen.

Wenn wir jetzt aussteigen müssen, lies hier weiter!
Wenn wir aber, wie Mama meint, noch weiterfahren sollen, lies weiter auf Seite …

»Clara hat Recht!«, meint Papa. »Nichts wie raus!«

Ich schaue aus dem Fenster und sehe den Bahnhof von Kleinhausen. Der Zug hält. Wir packen unsere sieben Zwetschgen und stürmen zum Ausgang. Da ist ja Oma, die uns abholen will. Auf dem Bahnsteig erfolgt die übliche Begrüßungszeremonie.

»Beeilt euch!«, jubelt Oma. »Ich habe zu Hause schon die Kaffeemaschine laufen und frischen Erdbeerkuchen habe ich auch gebacken.«

Wir steigen in Omas Kleinbus (sie hat sich extra wegen uns auch einen Kleinbus gekauft!). Oma fährt, als wäre der Teufel hinter uns her, und ich muss an das Lied »Meine Oma fährt im Hühnerstall Motorrad« denken. Ich sage es aber nicht laut. Als wir das Haus betreten, empfängt uns Kaffeeduft und Opa sitzt schon am Tisch und schaufelt ein Stück Erdbeerkuchen in sich hinein. Oma wirft ihm einen strafenden Blick zu. Wir drängen uns um den Tisch.

»Schön, dass ihr da seid!«, strahlt Oma und schenkt Kaffee, Tee und Kakao ein. Omas Erdbeerkuchen schmeckt wirklich prima.

»Geht ihr mit in den Wald?«, fragt Sebastian.

»Wiese spielen!«, plappert Anna. Ich weiß nicht recht, ob ich mir das antun soll. Ich muss dann wieder auf die ganze Monstermeute aufpassen, weil Mama und Papa garantiert bei Oma und Opa bleiben und plaudern. Vielleicht bleibe ich auch im Haus und mache es mir gemütlich.

Wenn ich mich entschließe, mit meinen Geschwistern in den Wald zu gehen, lies hier weiter!
Wenn wir, wie Anna möchte, auf der Wiese hinter dem Haus spielen, lies weiter auf Seite …
Wenn ich es mir aber im Haus gemütlich mache, lies weiter auf Seite …

Ich lasse mich breitschlagen und gehe mit dem ganzen Wuselhaufen in den Wald. Anna haben wir überzeugt, dass es im Wald viel schöner ist als auf der Wiese hinter dem Haus.

»Aber heute gehen wir mal in die andere Richtung!«, bestimme ich. Wir laufen einige Minuten. Hinter einem Hügel mitten im Wald entdecken wir eine alte, verfallene Hütte. Auf dem Dach wächst Moos und die zerbrochenen Fensterscheiben sind mit Spinnweben überzogen.

»Gehen wir hinein?«, fragt Sebastian erwartungsvoll.

»Nein, Oma gehen!«, winselt Anna.

Wenn wir Anna zuliebe zu Oma zurückgehen, lies weiter auf Seite …
Wenn wir versuchen in die Hütte hineinzukommen, lies hier weiter!

Wir entschließen uns, in die Hütte zu gehen. Ich drücke vorsichtig die verrostete Türklinke hinunter. Die Tür quietscht grauenvoll beim Öffnen. Ich wage mich hinein. Hinter mir drängelt die Monsterbande. So, jetzt sind wir alle in dem engen, staubigen Raum. Anna klammert sich ängstlich an meine Beine. Wir sehen uns um. Sebastian entdeckt an der Wand eine alte, schmutzige Karte. In der rechten hinteren Ecke steht ein alter, wurmstichiger Schrank. Er ist zentimeterdick mit einer Staubschicht bedeckt.

Wenn du glaubst, wir sollten uns die alte Karte an der Wand genauer ansehen, lies weiter auf Seite …
Oder sollen wir versuchen den Schrank zu öffnen? Dann lies weiter auf Seite …
Wenn du uns raten würdest, lieber nichts anzufassen, lies hier weiter!

Wir kümmern uns nicht um die Dinge in der Hütte. Sie sind alle so schmutzig. Wir rennen wieder in den Wald, ins Unterholz. Sebastian biegt einen Ast, der uns den Weg versperrt, zur Seite, sodass wir durchschlüpfen können. Aber der Ast rutscht ihm aus der Hand und landet genau unter Annas rechtem Auge. Sie heult los wie eine Sirene. Die Wunde blutet ein bisschen.

Sollen wir zu Oma gehen, um Anna verarzten zu lassen?
Dann lies weiter auf Seite ...
Wenn wir aber versuchen sollen, Anna zu beruhigen, und noch eine Weile im Wald bleiben, lies hier weiter!

Die Wunde scheint aber nicht besonders schlimm zu sein. Ich beruhige Anna und tupfe mit einem Papiertaschentuch das Blut ab. Danach spielen wir im Wald Verstecken. Anna muss uns suchen. Es macht ihr großen Spaß.

Ich schaue auf die Uhr. Es ist schon zehn vor sechs. Um sechs Uhr gibt es Abendessen, hat Oma gesagt. Wir rennen schnell heim. Genau um sechs Uhr stürmen wir atemlos in die Stube und stürzen uns gierig auf die Wurstsemmeln.

»Wer das nur alles essen soll!«, meint Mutter. Doch bis sie sich umschaut, haben wir alles restlos verputzt. Ja, Waldluft macht hungrig! Anna zeigt Mutter stolz ihre kleine Wunde unter dem Auge. »Kaum zu sehen«, sagt Mama und nimmt ihren kleinen Schatz in den Arm.

»Euer Zug fährt in siebzehn Minuten«, stellt Oma fest.

»Wir müssen los.« Auf dem Bahnsteig verabschieden wir uns, als würden wir für Monate auf Weltreise gehen, dabei sehen wir uns doch sicher nächsten Sonntag wieder, oder?

ENDE

Fortsetzung von Achim Bröger

Ich glaube, Papas Geldbeutel liegt auf dem Schrank im Wohnzimmer. Das verrate ich aber nicht. Ich hoffe nämlich, die Sucherei dauert so lange, dass wir danach zu spät zum Bahnhof kommen.

Leider hat Papa den Geldbeutel schon gefunden. Mama zupft an Sebastian herum, dem Kleinsten. Sie meint wohl, dass er dann ordentlicher aussieht. Tut er aber nicht.

Als Nächstes entdeckt Mama Judiths kakaoverschmierten Mund. Sie zieht ihr Taschentuch raus, feuchtet es mit Spucke an und will den Mund abwischen. Judith schreit, weil sie sich vor der Spuckewischerei ekelt, und wetzt davon. Recht hat sie.

Logisch, dass einer noch unbedingt aufs Klo muss. Er soll sich ruhig sehr viel Zeit lassen. Langsam haben wir inzwischen eine echte Chance, den Zug zu verpassen.

Papa öffnet gerade die Wohnungstür, da fällt Mama ein: »Mensch, die Brote. Wir brauchen ja was zu essen. Geht schon mal voran! Ich komme hinterher!«

Sie rast in die Küche, um Brote zu schmieren, und wir gehen los. Ich weiß auch nicht, warum sie immer meint, wir würden verhungern, wenn wir drei Stunden nichts zu essen bekommen. Außerdem gibt's am Bahnhof was zu essen und im *InterRegio* auch. Mit dem fahren wir nämlich.

Die Fahrstuhltür öffnet sich. Judith will den Knopf drücken, damit wir nach unten düsen. Sebastian will das auch, kommt aber nicht hin. Er springt hoch und greift daneben. Und er landet mit voller Kraft auf Judiths Fuß. Jetzt drückt Papa den Knopf. Judith jault und versucht, Sebastian zu treten, und der versteckt sich hinter Papa.

So ein Mist, der Fahrstuhl fährt glatt bis ins Erdgeschoss durch! Er hätte irgendwo zwischen den Stockwerken hängen bleiben sollen.

Fünfzehn Minuten nach zehn ist es. Um 10 Uhr 35 fährt der Zug. Ich kann mir langsam wirklich vorstellen, dass wir den nicht mehr erwischen. Der Gedanke lässt mich grinsen. Papa sieht das und fragt: »Na, freust du dich, dass wir was unternehmen?« O Mann, hat der eine Ahnung.

Als wir aus dem Aufzug gestiegen sind, schiebt Clara einen Fuß in die Lichtsperre, damit die Tür offen bleibt. »Ich muss noch mal hoch«, sagt sie. »Ich hab meine Puppe vergessen.«

»Ne, ne«, sagt Papa. »Du bleibst hier, und nimm den Fuß weg. Sonst kriegt Mama oben den Fahrstuhl nicht.« Clara guckt unzufrieden und der Aufzug fährt hoch.

Wir stehen vor dem ziemlich hohen Haus, in dem wir wohnen. Eine Menge Autos parken hier. Unseres ist leider eines der kleinsten. Zu sechst passen wir da nur gestapelt rein. So eine richtig gemütliche Familienkutsche können wir uns als Großfamilie nicht leisten, sagen die Eltern. Außerdem fahren sie unheimlich gern mit dem Zug. Sie finden das viel bequemer als mit dem Auto. Und ökologisch besser ist es auch. Dazu kommt, dass wir als Großfamilie billiger fahren können als andere.

Wenn ich ganz ehrlich bin, muss ich sagen: Ich fahr ja auch gern mit dem Zug. Aber halt nicht mit so einer Familienkarawane. Und die zieht nun los.

Die Eltern hätten sich das mit meinen vielen Geschwistern überlegen müssen. Wären wir zwei weniger, würde das Geld bestimmt für ein anderes Auto reichen. Ich weiß, so was soll man nicht denken. Trotzdem denke ich das manchmal. Na ja, die Eltern wollten eine große Familie. Mama und Papa hatten nämlich selbst jeder vier Geschwister. Und Mama meinte, wir müssten genauso viel werden. »Mindestens«, sagt sie manchmal. Mich haben sie nie gefragt, ob ich damit einverstanden bin. Und ob Papa so richtig gefragt wurde, weiß ich auch nicht. Wahrscheinlich hat Mama ihn streng angeguckt und dann sagt er nie etwas.

Wie viel Zeit haben wir eigentlich noch …? In siebzehn Minuten fährt der Zug. Au, das wird knapp. Wenigstens bis zum Bahnhof hätten wir mit dem Auto fahren sollen. Aber die Eltern haben immer Angst, dass sie da keinen Parkplatz finden.

Sebastians Schuhband ist offen. »Hilf ihm beim Zuschnüren!«, sagt Papa.

»Ich bin doch nicht seine Dienerin«, beschwer ich mich. Aber ich bück mich trotzdem und helfe ihm. Die anderen gehen in der Zwischenzeit weiter. Und ich trabe dann mit meinem Brüderchen an der Hand hinterher. »Zieh mich nicht so!«, jammert der Kerl.

Mama kommt mit dem Futterpaket gerannt und verlangt: »Beeilung! Sonst ist der Zug weg!«

Papa und Mama legen ein ziemliches Tempo vor. Judith drängelt sich zwischen sie, um mit beiden Hand in Hand zu gehen. Als Clara das sieht, versucht sie das Gleiche. Jetzt hält Mama Judith an der Hand, Papa Clara und ich Sebastian. Anna hängt hinterher und jammert: »Ich hab Seitenstiche.«

»Wir sind gleich am Bahnhof«, lockt Mama sie, als würde das gegen Seitenstiche helfen.

»Ich kann nicht mehr!«, keucht Anna. Deswegen lassen die Eltern Clara und Judith los und nehmen Anna zwischen sich. Jeder hält sie an einer Hand, weil sie fürchterlich leidet und völlig kaputt ist.

Genau so wollten Clara und Judith auch gehen. Anna hat's geschafft. Von Seitenstichen ist keine Rede mehr.

»Nicht so schnell!«, sage ich scheinheilig, während wir an Läden vorbeidüsen. Papa guckt grinsend zu mir, als würde er mich plötzlich durchschauen. Mir fällt mal wieder auf: Wahrscheinlich könnten wir uns ganz gut verstehen, Papa und ich. Aber die anderen stören uns dabei immer.

In acht Minuten fährt der Zug und wir hetzen mit Höchstgeschwindigkeit durch die Stadt. Jaja, so ein gemütlicher Sonntagsausflug ist was Schönes.

Lieber Gott, lass den Zug auf keinen Fall warten, bitte ich. Darf man sich so was wünschen? Na ja, ich glaube, der liebe Gott versteht das.

Da vorne ist der Bahnhof. Noch fünf Minuten. Wir rennen die Stufen zur Unterführung hinunter. »Weißt du, von welchem Bahnsteig der Zug abfährt?«, fragt Mama. »Bahnsteig vier«, keucht Papa. »Die Fahrkarten kaufen wir heute im Zug«, sagt Mama und Papa nickt. Zum Reden ist er nach diesem Sonntagmorgen-Trimmtrab zu sehr außer Puste.

»Schneller!«, treibt uns Mama an. Hat die eine Kondition, toll!

Die Treppen hoch. Immer näher kommt der Bahnhof. Noch drei Minuten ... und die Eltern starten zum Endspurt. Ich flitze hinterher und schleife Sebastian mit. Papa stößt die Glastür vom Bahnhofseingang auf. »Ich will ein Eis«, verlangt Judith. »Mama hat vorhin gesagt, wir kriegen eines.« Niemand antwortet. Wir rennen durch die Halle und weiter an den Bahnsteigen eins, zwei und drei vorbei.

Jetzt müsste der Zug abfahren. Ohne uns, denn die Uhr zeigt 10 Uhr 35. Lasst euch Zeit, denke ich. Es ist viel zu spät. Aber die Eltern spurten die Stufen zum Bahnsteig vier hinauf und wir spurten mit.

Oje, das darf nicht wahr sein! Hier warten jede Menge Leute, weil unser Zug Verspätung hat.

»Na, bitte«, sagt Papa. »Haben wir lässig geschafft.«

Mama strahlt und sagt: »Du kannst noch schnell die Fahrkarten holen!« Schon wieselt Papa los.

»Bring Eis mit!«, ruft Judith hinter ihm her. Und lass dir so viel Zeit, dass wir den Zug doch verpassen, möchte ich rufen. Tu ich aber lieber nicht, weil meine Mutter sonst einen ihrer Tobsuchtsanfälle bekommen könnte.

Zuerst hat sich Judith von der Rennerei erholt. Man merkt's, als sie Sebastian auf den Fuß tritt. Das ist die Rache dafür, dass er sie im Fahrstuhl getreten hat. Sofort plärrt Sebastian und Mama guckt Judith streng an.

Und das ist meine Familie! Hoffentlich denken die Leute auf dem Bahnsteig nicht, dass ich dazugehöre. Ich rücke weg von ihnen und neben eine Frau und einen Mann ohne Kinder. Die gucken freundlich. Mensch, sind die gut angezogen. Tja ... zu denen gehöre ich jetzt und bin ihre Tochter.

Leider stört mich Papa bei dem Gedanken. Er schleppt die Fahrkarten und sieben Eis. Und ich schleiche mich zu meiner Familie zurück. Eine Zeitung hat sich Papa auch mitgebracht. Was der bloß immer an den Zeitungen findet? Vielleicht braucht er die, um sich dahinter zu verstecken.

Endlich kommt unser *InterRegio*. »Schön zusammenbleiben!«, kommandiert Mama. Das kann man kaum verstehen, weil die Bremse quietscht.

Noch bevor die Leute richtig ausgestiegen sind, stehen Judith und Clara auf dem Trittbrett. Im nächsten Moment drängeln sie die Stufen hoch. Sie wollen unbedingt einen Fensterplatz. Kindisch finde ich das.

Mich wundert, dass keinem das Eis aus der Hand fällt. »Hierher!«, schreien Judith und Clara und halten einige Plätze besetzt. Ich glaub, sie würden beißen und spucken, wenn ihnen die jemand nehmen wollte.

Clara und Judith sitzen sich am Fenster gegenüber. Neben der einen sitzt Papa, neben der anderen Mama. Auf Mamas

Schoß thront Sebastian und jetzt quetscht sich auch noch Anna zu ihr. Damit sind eigentlich alle Plätze vergeben. »Ich soll mich wohl unter die Sitze legen«, sage ich. »Rückt mal!«

Papa drückt Clara ans Fenster. Die stöhnt und jetzt passe ich neben Papa.

Der Zug rollt los. Mächtig voll ist der Wagen und Sebastian fragt laut: »Papa, warum sieht der Mann da vorne so schwarz aus? Ist das ein Neger?«

»Psst!«, machen Papa und Mama. Und ich schäme mich wieder, dass ich mit dieser Familie etwas zu tun habe.

Der Schwarze guckt zu uns ... und lacht. Bin ich froh. Judith sagt, sie hat furchtbaren Hunger, und stopft den letzten Happen Eis in den Mund. Sebastian verkündet laut: »Ich könnt ein ganzes Schwein auffressen!«

Der Junge ist eine absolute Erziehungskatastrophe. Viel zu nachgiebig waren die Eltern bei dem. Zu mir sind sie immer strenger gewesen. Hoffentlich kriegt er schnell was zu essen, denn wenn er kaut, redet er wenigstens nicht.

Papa verkriecht sich hinter der Zeitung. »Bekomme ich auch ein Stück?«, frage ich ihn, damit ich mich verstecken kann wie er. Papa nickt und reißt mir ein konfettigroßes Stückchen ab. Über diesen Uraltwitz lache ich überhaupt nicht.

Gucken alle Leute zu uns? Nein, zum Glück nicht. Obwohl wir ein schwer zu übersehendes Naturereignis sind. Meine kleinen Geschwister kauen brav und schauen aus dem Fenster. Und die Eltern lesen. Eigentlich wirken wir im Augenblick alle ganz freundlich. Sehr erstaunlich. Stück für Stück sehe ich sie mir an, meine Geschwister. Plötzlich habe ich ein komisches Gefühl.

Ich glaube fast ... ich mag die im Augenblick. Bloß nicht. Das sind Monster, ganz bestimmt. Ich lass mich nur manchmal von ihnen täuschen, wenn sie friedlich herumsitzen.

Das kann nicht so bleiben. Irgendwas wird gleich passieren. Und da geht's schon los.

Aber Moment, was macht Sebastian denn? Er rutscht von Mamas Schoß. Unauffällig bückt er sich zu Papas Schuhen. Vorsichtig, ganz vorsichtig öffnet er ein Schnürband. Macht er gut für sein Alter, muss man ihm lassen.

Ob er was merkt und hinter der Zeitung vorguckt, der Papa? Nein, er merkt nichts. Und schon ist Sebastian mit dem zweiten Schnürband beschäftigt. Meine anderen Geschwister und ich nicken begeistert. Also manchmal verstehen wir uns wirklich gut.

Im Augenblick kann ich fast vergessen, dass ich nicht zu Oma mitfahren wollte. Eines ist sowieso klar, gegen Oma habe ich ja gar nichts. Nur gegen den Familienauflauf, und gegen den habe ich in diesem Moment auch kaum etwas. Außerdem fahre ich ja gerne mit dem Zug.

Vielleicht wird das doch noch ein guter Tag. Man soll die Hoffnung nie aufgeben.

Übrigens ... Sebastian wird Papas zweites Schnürband gleich geöffnet haben.

ENDE

Rudolf Herfurtner

Harald auf dem falschen Gleis

Eigentlich hätte das alles gar nicht passieren können, weil alle Schulkinder laut Erlass des Kultusministers vom 1. April 2010 ein satellitengesteuertes Funkleitsystem zu tragen hatten. Das war in die Armbanduhr eingebaut und fing sofort an zu piepsen, wenn ein Kind mal den falschen Weg zur Schule nahm.

Das Funkleitsystem wusste genau, wo Harald werktags um halb acht zu sein hatte. Es piepste auch, als Harald in den falschen Zug einstieg. Aber er hörte es nicht, weil er seine Uhr nicht anhatte. Er hatte am Morgen sein Geodreieck aus dem Goldfischglas fischen müssen, das da irgendwie reingefallen war. Und dazu hatte er die Uhr abgemacht. Sie lag zwischen seinen alten Socken und das war der falsche Platz werktags um halb acht. Die Uhr piepste und konnte ihm doch nicht helfen.

Er hätte natürlich auch so merken können, dass er in den falschen Zug einstieg. Der Zug, der ihn jeden Tag von Gleis 7 in Bitzbach aus zur Schule nach Butzbach brachte, war alt und grau und verbeult. Dieser Zug hier war aus blitzendem Stahl und hatte ein Dach aus Glas. Das hätte Harald merken müssen. Aber Harald war ein Leser. Ein wirklicher Leser. Immer und überall hatte er ein Buch vor der Nase und sah und hörte dann nichts mehr um sich herum. Sogar beim Gehen.

Und darum hörte er auch die Lautsprecherdurchsage nicht: »Der Nahverkehrszug von Bitzbach nach Butzbach fährt heute ausnahmsweise am Gleis 8 ab.«

Harald las sein Buch und verließ sich auf seine Beine. Seine Beine gingen von selber zu Gleis 7, stiegen in den Wagon und suchten einen Platz. Erst als Harald sich setzte, merkte er, dass etwas nicht in Ordnung war. Er saß nicht auf einer der vertrauten, abgewetzten Polsterbänke, sondern in einem Rennfahrersitz. Ihm gegenüber saßen zwei Typen aus Plastik. Aus ihrer Brust hingen lauter Drähte heraus. Dann ertönte ein Pfeifen und ein Sicherheitsbügel wie in der Achterbahn schloss sich um Haralds Bauch. Und dann fuhr der Zug los. Es wurde eine Fahrt, die Harald so schnell nicht vergessen sollte ...

Fortsetzung von Fabian Hartl, Klasse 5b des Scheffoldgymnasiums in Schwäbisch Gmünd

Harald wurde es mulmig in der Magengegend. Er zerrte am Bügel und bekam ihn durch heftiges Mit-dem-Buch-Draufhämmern (Harald ist ein Leser!) auf. Das hatte zur Folge, dass Harald aus dem Sitz katapultiert wurde, und er knallte auf die Plastiktypen. Das wiederum hatte zur Folge, dass sie auf einmal grüne Glühbirnenaugen bekamen. Haralds Buch wurde durch den Aufprall aus dem Fenster gewirbelt. Harald hatte also keine Waffe, falls die Typen handgreiflich wurden, und dann sagte auch noch einer von ihnen: *»Ein Eindringling!«* Harald bekam Angst. Furchtbare Angst. Er wusste nur noch eins: Raus aus dem Zug! Aber als er zur Tür lief, merkte er, dass irgendjemand hinter ihm herrannte, und sein Herz pochte vor Angst. Er drehte sich um und sah, wie die Plastikfiguren auf ihn zukamen! Harald bekam Schweißausbrüche und seine Knie zitterten, sodass er nicht mehr vom Fleck kam. Was würden sie mit ihm anstellen? Wollten sie ihn vielleicht aus dem Zug werfen? Oder waren es womöglich … Aliens? Die Typen bekamen auf einmal sogar grausam rot leuchtende Glühbirnenaugen, als sie Harald am Kragen packten: einer links, einer rechts.

Währenddessen legte die Armbanduhr mit dem Funkleitsystem bei Harald zu Hause ein mehr als merkwürdiges Verhalten an den Tag. Sie hüpfte wie ein Gummiball auf und ab und schrillte wie eine Alarmglocke, weil Harald bereits so weit weg war. Der Zug war nämlich ein *Futura 2000*, einer der schnellsten und sichersten Züge der Welt.

Doch zurück zu Harald:

Die Plastiktypen brachten Harald in einen dunklen Wagon. Sie setzten ihn auf einen Stuhl und knurrten dabei. Harald fühlte sich wie Wackelpudding, so viel Angst hatte er. Einer der Typen plapperte mit etwas merkwürdiger Stimme auf Harald ein: »Wirrr sinnnd außerrrirrdische Rrroboterrr mit dem Auftrrrag, die Errrde mit unserem gigantischen Todesstern zu verrrnichten! Sie versperrrt unserem Planeten XRCLBXSSL die Sicht zum Jupiterrr!«

Harald wurde noch mehr zu Wackelpudding. Als er nach unten blickte, sah er einen Hammer auf dem Boden liegen, und als die Aliens nicht hinsahen, schnappte sich Harald den Hammer und haute ihn den Aliens über den Kopf. Man hörte nur noch ein kurzes, dumpfes »Aua«, dann fielen sie um und Rauch kam aus ihnen heraus. Plötzlich kam ein sehr aufgeregter Mann aus einer Tür, die Harald bisher noch gar nicht gesehen hatte. Es handelte sich um den berühmten Regisseur Tom von Dudelsack. »Was soll das! Dieter! Warum hast du die Statistenroboter umgehauen? So wie das im Moment aussieht, sind die total kaputt. Weißt du, was die gekostet haben, über 50 000 Dollar«, brüllte er. »Das stand nicht im Drehbuch!«, schrie er weiter.

»Dieter? Statistenroboter? Drehbuch? Ich kapier gar nichts!«, sagte Harald ahnungslos. »Ich bin Harald Falz!«

»Nein, du bist Dieter Half, der berühmteste junge Kinostar der Welt!«, tobte der Regisseur.

»Ich glaube, das klären wir mit meinen Eltern und diesem Dieter bei Ihnen«, sagte Harald.

»Gut. Du bist wirklich nicht Dieter«, sagte von Dudelsack, »denn wenn ich dich genau ansehe, hat Dieter hellere Haare und ein Muttermal auf der Stirn.«

Bei von Dudelsacks Villa war dann alles geklärt. Harald und Dieter sahen sich zum Verwechseln ähnlich. Deswegen hatte auch keiner was zu Harald gesagt, als er in den »Moviezug« eingestiegen war.

Von Dudelsack erklärte Harald, dass er einen Sciencefictionfilm mit Dieter geplant hätte, der Film sollte heißen »Dieter auf dem falschen Gleis!«. Dieter war ebenfalls ein Leser und war auch in den falschen Zug eingestiegen. Auf einmal klingelte das Telefon und Tom von Dudelsack ging ran. »Hallo, hier von Dudelsack. Aha … Was? … Bein gebrochen!? Oh, nein! Danke, tschüss …« Dudelsack legte auf. »Dieter hat sich das Bein gebrochen, als er aus dem Zug stieg, denn er konnte wieder mal das Lesen nicht lassen, und nun kann er nicht mitspielen!«

»Ich werde Dieter spielen, wenn wir die Hälfte von den Einnahmen bekommen«, sagte Harald.

Von Dudelsack flippte fast aus. »Zuerst dieses ganze Chaos im Zug und dann forderst du auch noch so viel Gage. Aber was soll ich machen, ich brauche dich. Also, ich bin einverstanden.« Harald besprach es kurz mit seinen Eltern und sie sagten: »Also gut, dann können wir wenigstens auch den Schaden bezahlen, den die Armbanduhr angerichtet hat. Die ist so viel herumgehüpft, dass sie alles zerschlagen hat!«

Tom von Dudelsack lächelte: »Willkommen beim Film, Harald.«

ENDE

PS: Kinostart 25. Juli 2010!

Fortsetzung von Felix Liebau, Klasse 6b des Gymnasiums St. Georgen

Der Zug wurde schneller, immer schneller. Erschrocken legte Harald das Buch zur Seite. Kurz darauf wurde er fest in seinen weichen, gut ausgepolsterten Sitz gepresst. Nach zirka drei Minuten ertönte eine weitere Lautsprecherdurchsage: »Achtung, Achtung! Meteoritenschauer auf Kollisionskurs geortet. Starte Ausweichmanöver Beta 7!«

Harald erstarrte. »Wohin fuhr dieser Zug?« Ihm blieb keine Zeit, darüber nachzudenken. Der Raum begann plötzlich zu schwanken und zu vibrieren. Angst stieg in Harald hoch. Krampfhaft klammerte er sich an die Eisenstange, die um seinen Bauch lag. Er hätte am liebsten geschrien, doch er konnte nicht. Langsam wurde das Vibrieren schwächer. Auch das Schwanken ließ nach, bis es schließlich mit einem Ruck erstarb. Wieder hörte er den Lautsprecher: »Leichter Schaden am hinteren Haupttriebwerk, aber die Mission Mars–Erde kann fortgesetzt werden.«

Vorsichtig begann Harald sich umzusehen. War dies etwa der brandneue Mars-Erde-Express, der erst gestern im

Holo-TV vorgestellt worden war? Wenn ja, wie konnte das möglich sein? Er sollte doch erst getestet werden. In diesem Moment fiel sein Blick auf die zwei Plastikkerle. Regungslos saßen sie da und starrten ihn an. Dann und wann blinkte ein Lichtchen auf, das sie auf ihrer Schulter trugen. Langsam löste Harald den Griff seiner Hände, die bis zu diesem Zeitpunkt immer noch die Eisenstange umklammert hielten. Vorsichtig bewegte er sie in die Richtung, in der die zwei Androiden saßen. Behutsam tastete er einen der beiden menschenähnlichen Roboter ab, wobei er versehentlich auf einen der vielen Knöpfe drückte, die aus der Brust des Androiden ragten. Fast im selben Moment packte der Androide Harald am Arm und hielt ihn fest. Harald versuchte seinen Arm zurückzuziehen, doch es gelang ihm nicht. Er begann zu schreien. Doch niemand hörte ihn. Er schrie immer lauter. »Hilfe! Hilfe! Hört mich denn keiner?«

In diesem Moment öffnete sich eine große Metalltür, die sich am Ende des langen, schmalen Wagons befand. Ein junger Mann mit Raumanzug betrat das Abteil. Den Helm trug er unter dem Arm. Als er Harald sah, schaute er ihn eine Weile ernst an. Dann kam er langsam auf Harald zu und sagte: »Wer bist du? Was machst du hier? Wie kommst du hierher? Weißt du nicht, dass es Zivilisten nicht gestattet ist, auf Testflügen außerhalb der Erdatmosphäre mitzufliegen?« Harald war über die vielen Fragen so verdattert, dass er den Androiden ganz vergaß. »Äh, ich bin Harald, Harald Schmidt. Ich fürchte, ich bin in den falschen Zug eingestiegen. Ich wollte eigentlich nach Butzbach zur Schule.«

»Wo hast du denn dein Funkleitsystem? Das hätte dich doch eigentlich darauf aufmerksam machen müssen, dass du im falschen Zug sitzt.«

»Ja schon, aber ich habe es daheim vergessen.«

Nun begann der Mann lauter zu werden: »Ja, da liegt es

gut. Sogar ein Blinder würde erkennen, dass das hier kein Nahverkehrszug ist.«

Harald schwieg, dann antwortete er sehr verschüchtert: »Ich hab gelesen.«

Der Mann war außer sich: »Gelesen? Das ist doch schon seit Jahren überholt.«

Wieder schwieg Harald. Der Astronaut überlegte, dann sagte er grob: »Komm mit! Ich bin gespannt, was der Captain dazu sagt.«

Harald wollte aufstehen, doch der Sicherheitsbügel und der Griff des Androiden hielten ihn davon ab. Verängstigt bat er: »Könnten Sie mir bitte helfen? Ich habe ein Problem.«

Der Mann schnaubte zwar, kam aber doch zurück. »Was ist?«

»Könnten Sie bitte diesen Roboter abschalten? Bitte!« Der Mann grinste, drückte auf einen der Knöpfe und der Androide ließ Harald los. Dann marschierte der Astronaut breitbeinig los. Harald schob den Bügel beiseite und lief ihm nach. Als Harald ihn eingeholt hatte, gingen sie etwa fünf Minuten schweigend nebeneinanderher. Dann sagte der Astronaut etwas freundlicher: »Du brauchst keine Angst zu haben! Wir werden dir schon nichts tun. Ich heiße übrigens John.«

Es dauerte nicht mehr lange und sie standen wieder vor einer großen Metalltür. John betätigte ein paar Knöpfe auf einem großen Schaltpult, das rechts neben der Tür angebracht war. Harald hatte vieles erwartet, aber nicht das, was sich ihm jetzt bot: Durch eine gigantische Frontscheibe fiel sein Blick auf Millionen und Abermillionen hell leuchtender Punkte. Hin und wieder rasten kleinere und mittlere Asteroiden vorbei. Es war ein erhebender Anblick. Harald fiel es schwer, sich davon loszureißen, aber der Astronaut sagte:

»Komm, da vorn ist der Captain.« Harald löste nur unwillig seinen Blick von dem kosmischen Schauspiel und ging John nach.

Der Captain war ein großer, stämmiger Mann mit Vollbart. John ging auf ihn zu und sagte etwas, was Harald nicht verstehen konnte. Dann kam er zurück und sagte: »Nur wegen dir können wir nicht unsere ganze Mission abbrechen.«

Harald überlegte: »Was soll das heißen?« Als ob John seine Gedanken gelesen hätte, sagte er freundlich: »Du musst hier bleiben, bis wir unsere Mission beendet haben.«

»Mission?«

»Mars-Erde-Express, sagt dir das etwas?«

»Ja, er soll demnächst getestet werden.«

»Das stimmt nicht ganz. Er wird gerade getestet.«

»Sagen Sie bloß nicht, dass das hier der ...« Harald wurde blass.

»Doch, das ist er und du fliegst mit.«

Mit weit geöffneten Augen und offenem Mund stand Harald da: »Echt cool.«

Erst nach einigen Minuten wurde ihm klar, was das bedeutete.

»Könnten Sie bitte mit meinen Eltern Kontakt aufnehmen? Ich möchte gerne mit ihnen sprechen.«

Leise sagte John: »Nein, leider nicht. Ein Asteroid hat unsere Funkantenne mitgerissen.«

Langsam setzte sich Harald in einen der großen Sessel. Am liebsten hätte er geweint.

Nach einer Weile fragte ihn John: »Soll ich dir einen Holovisionshelm geben? Der wird dir alles über die Planeten erzählen, an denen wir vorbeikommen werden. Dann kannst du während des Fluges wenigstens etwas lernen und außerdem vergeht die Zeit schneller.«

Harald nickte stumm.

John ging daraufhin zu einem großen Stahlschrank und holte aus einer der Schubladen einen Helm hervor, der beinahe wie ein Motorradhelm aussah. Vorsichtig setzte er ihn Harald auf und schaltete ihn ein. Zuerst flackerte das 3-D-Bild vor seinen Augen noch ein wenig, aber dann wurde es klarer und klarer, bis es gestochen scharf war. Das Hologramm zeigte den Mond. Eine große graue Kugel. Direkt daneben erschien ein Text und eine helle Computerstimme las ihn Harald vor:

»Der Mond. Er verfügt nur über 1/6 der Erdanziehungskraft. Die Landschaft besteht aus großen grauen Ebenen, Tälern und Gebirgsketten. Die Temperaturen auf dem Mond betragen am Tage bis 100 Grad Celsius und bei Nacht sinken sie bis minus 100 Grad ab. Der erste Mensch auf dem Mond war Neil Armstrong am 20. Juli 1969.«

Harald rechnete, vor 41 Jahren also war ... Langsam verblasste das Bild, bis es ganz verschwunden war. Ein neues Bild zeichnete sich ab. Dieses Mal war es die Venus. Wieder ertönte eine Computerstimme:

»Die Venus. Sie liegt zwischen Merkur und Erde. Ihre Atmosphäre ist sehr dicht und besteht zu 98 % aus Kohlendioxyd. Sie wird von Wolkenschichten umhüllt, die keinen Blick auf die Planetenoberfläche zulassen. Man vermutet, dass diese Wolkenschichten aus konzentrierten Tröpfchen Schwefelsäure bestehen.«

Harald dachte: Oje, wenn es da mal regnet, hat man bestimmt viele Löcher im Schirm. Plötzlich wurde Harald von hinten angetippt. Er nahm den Helm ab und drehte sich um.

Neben ihm stand John und sagte ernst: »Setz dich lieber in einen der Sicherheitssitze. Wir müssen auf dem Mond zwischenlanden, um den Schaden genauer zu inspizieren.«

Harald stand auf und ging zu einem der rennautoähnlichen Sitze. Gerade als er sich setzen wollte, begann der Zug zu ruckeln und warf ihn unsanft in den Sitz. Sofort legte sich wieder eine Sicherheitsstange um Harald.

Er kniff die Augen zusammen in der Hoffnung, dass er aufwachte und alles nur ein Traum gewesen war. Doch als er seine Augen wieder öffnete, wusste er, dass er nicht träumte.

Er sah durch die Frontscheibe eine öde, graue Landschaft. »Das ist also der Mond«, dachte Harald. Das Ruckeln wurde langsam schwächer, bis der Zug sanft zum Stehen kam. John trat zu ihm und sagte freundlich: »Wir sehen uns nachher. Ich muss jetzt raus und die Triebwerke wieder in Ordnung bringen.«

»K... kann ich bitte mitkommen?«, stotterte Harald aufgeregt.

»Nein, tut mir Leid, aber wir haben keinen Raumanzug in deiner Größe. Du kannst ja rausgucken, und wenn dir das zu langweilig wird, kannst du ja wieder *Holo-TV* schauen.«

Harald nickte, schob den Bügel beiseite, ging zum Fenster und sah hinaus. Doch schon nach kurzer Zeit wurde ihm die Einöde der Landschaft zu viel. Er ging zurück zu seinem Platz und setzte den Helm auf. Und wieder bildete sich ein dreidimensionales Laserbild vor seinen Augen: Ein schwacher, rötlicher Schimmer, der immer stärker wurde, bildete sich ab, ein neuer Planet. Es war der Mars. Diesmal war es eine raue, dumpfe Stimme, die ihm vorlas:

»Der Mars, auch der rote Planet genannt. Die Oberfläche besteht aus einer komplizierten Mischung von auf der Erde nicht vorkommenden Stoffen. Gelegentlich treten gewaltige Sandstürme auf. Die Landschaft auf dem Mars besteht aus Tälern, gefrorenen Ozeanen und Vulkanen. Der größte Vulkan ist der Olympus Mons. Er hat einen Durchmesser von 550 km und eine Höhe von 25 km ...«

Harald überlegte: Vor 12 Jahren schickte man die erste

Sonde hoch, um herauszufinden, ob es Leben auf dem Mars gibt. Damals haben die Wissenschaftler viel gerätselt. Heute ist dieses Rätsel längst gelöst. Harald nahm den Helm ab und bemerkte, dass die Stimmung an Bord auf einmel sehr missmutig und gereizt war. Eine Weile sah er dem Treiben zu, dann fragte er John, der gerade an ihm vorbeihuschte: »Was ist los? Warum spielen auf einmal alle verrückt?«

Eilig antwortete John: »Wir müssen hier weg, sonst wird das Raumschiff in ein paar Stunden explodieren. Aber wir können nicht weg.«

Ängstlich fragte Harald: »Wieso?«

»Es ist Treibstoff ausgetreten, der sich schon bei geringer Temperatur entzündet. Wie du vielleicht weißt, kann es tagsüber auf dem Mond sehr heiß werden. Wir haben Glück, dass die Sonne gerade auf der anderen Seite steht. Das gibt uns eine Galgenfrist. Aber der Schaden am Triebwerk ist schwerer, als wir gedacht haben, und wir können ihn nicht beheben. Man kann nur durch den Lüftungsschacht zur defekten Stelle gelangen, aber wir sind alle zu groß.«

Die Zeit bis zur berechneten Explosion wurde immer knapper. Die Mannschaft begann bereits, sich gegenseitig anzuschreien, als Harald sagte: »Ich werde gehen.«

Ungläubig sah John ihn an: »Du willst da reinkriechen und einen Schaden beheben, von dem wir nicht einmal wissen, ob man ihn überhaupt beheben kann?«

Harald nickte nur. John überlegte, verschwand und kam nach einiger Zeit mit einem Mann in einem blauen Arbeitsanzug zurück. »Das ist unser Chefingenieur Otto. Er wird dir erklären, worauf es ankommt.«

Nachdem Otto Harald ausführlich eingewiesen hatte, war nun die Zeit gekommen. Harald musste in den schmalen Lüftungsschacht kriechen. Langsam schob er sich in den quadratischen Gang, dessen Ende er nicht abschätzen konnte. Vorsichtig robbte er Stück für Stück ins Innere. Die Minuten verstrichen. Das Ende war noch immer nicht zu sehen. Nach ein paar weiteren Minuten machte der Gang eine scharfe Kurve und Harald lag vor einem Plastikgitter. Er schob es beiseite und kroch in eine kleine Kammer. An den Wänden waren Drähte, Mikrochips und kleine Knöpfe angebracht. Er holte sein Funksprechgerät aus der Tasche und sagte: »Ich bin drin. Was jetzt?«

Die Verbindung war sehr schlecht: »Links oben müsste eine Reihe Mikrochips sein und direkt daneben ein blaugrüner Draht.«

Harald unterbrach: »Da oben ist alles geschmolzen und verschmort. Man kann gar nichts mehr erkennen. Was soll ich machen?«

»Verdammt! Dann musst du alles austauschen. Hör gut zu! Was siehst du zu deiner Rechten?«

»Eine kleine Metallplatte und ...«

»Halt! Zieh die Platte heraus und nimm fünf Mikrochips aus der Schachtel, auf der LQt 27 draufsteht, und drei Drähte aus der Büchse, die mit XVQ VII beschriftet ist. Dann musst du noch ein Verbindungsstück suchen! Es liegt hinten rechts in der Schublade. Es sieht aus wie ein Würfel, nur dass die Zahl 1342 darauf steht.«

Harald suchte die Teile zusammen und fragte beunruhigt: »Ich habe nur vier Mikrochips gefunden. Was soll ich tun?«

»O.k., dann nimm einen aus der Dose, auf der MQt 26 draufsteht. Der tut es auch.«

»Hoffentlich«, dachte Harald, als er vorsichtig den Chip aus der mit Watte gefüllten Schachtel hob. »Hoffentlich ...«

Dann wurde er durch das Piepsen seines Funkgeräts aus seinen Gedanken gerissen. Otto gab weitere Anweisungen: »So, jetzt musst du das Verbindungsstück nehmen und alle Teile an den vorgegebenen Stellen einfügen! Die Reihenfolge ist egal, aber beeile dich! Denn wenn unsere Berechnungen stimmen, bleiben uns nur noch 43 Minuten, bevor wir in die Luft fliegen. Du musst es schaffen!«

Harald wurde ganz schlecht. So hatte er das noch gar nicht gesehen. Sein Leben und das vieler Menschen hing davon ab, ob er es schaffte, dieses Teil hier auszutauschen.

»Du hast jetzt noch genau 35 Minuten.« Wieder war es Otto, der ihn aus den Gedanken riss.

»Jaja, schon gut. Sag mir lieber, was ich jetzt tun muss. Das Ding ist fertig.«

»Zieh den Hebel unter der verschmorten Stelle heraus und drücke den roten Knopf an der Stelle, wo die Platte vorher war. Jetzt kannst du das gesamte Teil herausziehen und das neue Verbindungsstück vorsichtig einsetzen.« Eine Weile verging.

»Fertig?«

»Ja.«

»Gut. Dann komm jetzt wieder zurück. Wir haben nur noch 17 Minuten.«

Harald robbte in den Schacht zurück und begann so schnell zu kriechen, wie er nur konnte. Dabei verfing sich seine Jacke in dem Plastikgitter, das er vorher zur Seite geschoben hatte. Es legte sich quer und er hing fest. Er zog und zerrte. Doch die Jacke löste sich nicht. Er konnte sie auch nicht ausziehen. Der Schacht war viel zu eng. Er hörte Johns Stimme: »Harald, wo bleibst du? Wir müssen sofort starten. Wenn du da drin bleibst, wirst du ersticken.«

In panischer Angst zog Harald noch einmal mit aller Kraft. Tatsächlich. Der Stoff zerriss. So schnell er konnte, krabbelte er in Richtung Kommandozentrale. Als er aus dem Luftschacht purzelte, hörte er gerade noch, wie der Captain John anschrie: »Nein. Wir können nicht länger auf den Jungen warten. Es stehen zu viele andere Leben auf dem

Spiel. Startet die Raketentriebwerke! Nichts wie weg hier. Kurs: Erde! Wir brechen unsere Mission ab.«

Keuchend stand Harald auf und ging zu John. »Was ist passiert? Wir haben doch noch genug Zeit?«

»Harald, Gott sei Dank. Der Treibstoff hat sich früher entzündet, als wir dachten…«

Plötzlich wurde es hell und ein gewaltiger Ruck durchzog den Zug. Darauf folgte ein Moment der Stille. Keiner sprach. Nur das Piepsen der Radarkontrolle war zu hören. Einer der Männer brach das Schweigen und fragte: »Was zum Teufel war das?«

»Eine Explosion«, antwortete der Captain und besorgt fügte er hinzu: »Die hinteren drei Wagons wurden abgesprengt.«

Eine Stunde später sah Harald die Erde durch die Frontscheibe. Eine große blaue Kugel, die größer und größer wurde. Nach kurzer Zeit konnte Harald Häuser erkennen, dann schon Autos und Menschen. Sie steuerten direkt auf den Butzbacher Bahnhof zu. Sanft setzten sie auf den schnurgeraden Schienen auf.

Diesmal hörte Harald die Lautsprecherdurchsage: »Meine Damen und Herren, wir freuen uns, Ihnen mitteilen zu können, dass soeben der missglückte Testflug des Mars-Erde-Express doch noch ein glückliches Ende gefunden hat. Es wird gebeten, sich vom Bahnsteig fern zu halten, um die Rettungsmannschaften nicht zu behindern.«

Wie hypnotisiert stand Harald auf und suchte den Ausgang, als ihm eine Stimme nachrief: »Halt, Junge! Du hast dein Buch vergessen.«

Harald nahm das Buch und las den Titel: »Die besten Star-Trek-Geschichten.«

ENDE

Fortsetzung von Rudolf Herfurtner

Das satellitengesteuerte Funkleitsystem (SGF) für Schüler hatte eine doppelte Sicherheitskontrolle: Zum einen warnte es den Träger der SGF-Uhr durch heftiges Piepsen, wenn er zu weit vom vorprogrammierten Weg abkam, zum andern alarmierte es die Überwachungsbehörde.

Zehn nach halb acht ging in der SGF-Zentrale das rote Lämpchen über Haralds Kontrollnummer an. Aha, dachte der Überwachungsbeamte, da trödelt wieder mal einer oder er kauft sich ein paar Gummibärchen am Kiosk. Mal sehen, ob er seinen Rückstand wieder aufholen kann? Dann würde das rote Lämpchen gleich wieder ausgehen.

Aber das Lämpchen ging nicht aus. Im Gegenteil: Es fing an zu blinken und das hieß: Harald war schon eine Viertelstunde außer Plan.

Der Überwachungsbeamte drückte ein paar Tasten und sein Bildschirm zeigte ihm, dass Harald in diesem Augenblick in den Zug hätte steigen müssen, und zwar auf Gleis 8. Der Computer wusste von der Bahnsteigänderung. Dass Harald zur selben Zeit in den falschen Zug stieg, das konnte der Computer nicht wissen.

Der Überwachungsbeamte griff zum Telefon und rief bei Harald zu Hause an. Niemand hob ab. Haralds Eltern waren schon zur Arbeit gegangen. Der Überwachungsbeamte rief im Büro von Haralds Vater an, aber er erreichte ihn nicht. Er rief in der Schule an. Harald war nicht entschuldigt. Außerdem hätte das die SGF-Zentrale wissen müssen.

Er müsse wie jeden Tag im Zug von Bitzbach nach Butzbach sitzen, erklärte die Sekretärin in der Schule.

Aber da saß er nicht. Der Überwachungsbeamte tippte

wieder etwas ein und das Überwachungssystem gab die Peilung durch: Wenn Harald nicht seine SGF-Uhr abgelegt hatte – was streng verboten war –, dann musste er noch zu Hause sein. Der Überwachungsbeamte wählte noch einmal Haralds Nummer, aber niemand ging ran.

Schließlich erreichte der Überwachungsbeamte kurz nach acht Haralds Mutter an ihrem Arbeitsplatz. Sie war gleich in heller Aufregung, denn sie hatte ja mit Harald zusammen pünktlich das Haus verlassen. Sie sprang aufs Fahrrad und fuhr zur Wohnung zurück, wo sie zehn Minuten später einen Vertreter der Überwachungsbehörde traf.

Der hatte ein Funkpeilgerät dabei und um 8 Uhr 19 war Haralds SGF-Uhr unter den alten Socken entdeckt. Ein zweiter Kontrollanruf in der Schule ergab, dass Harald dort nicht aufgetaucht war. Auch im Zug hatte ihn keiner gesehen.

Haralds Mutter musste sich hinsetzen. Sie machte sich jetzt große Sorgen. Um 8 Uhr 23 riefen sie die Polizei an. Zwei Beamte kamen, stellten die nötigen Fragen und schrieben alles auf. Dann suchten sie mit Haralds Mutter den Weg vom Haus zum Bahnhof ab, den Harald jeden Morgen zurücklegen musste.

Um diese Zeit war Harald gerade 1000 Meilen unter dem Meer. Das heißt, er saß nach wie vor angeschnallt in seinem Rennfahrersitz. Aber vor dem Abteilfenster schwammen die Haie hin und her und über dem gläsernen Kuppeldach segelte ein Riesenrochen durch einen Schwarm von Leuchtfischen.

Und dann kam der Angriff des Riesenkraken.

Der Wagon ruckte, als wäre der Zug gegen eine weiche Wand gefahren. Die Plastiktypen, die Harald gegenübersaßen, wurden so in ihre Sitze geschleudert, dass der eine den Kopf verlor. Der Kopf fiel auf Haralds Schoß. Harald stieß einen Entsetzensschrei aus, denn gleichzeitig sprühte ein Funkenregen aus der Halsöffnung des Plastiktypen. Harald warf den Kopf angeekelt auf den Boden. Er rollte unter die Sitze und glotzte mit einem toten Auge heraus.

Die Lichter im Wagon flackerten, offenbar gab es heftige Stromschwankungen. Aus der Brust des anderen Plastiktypen zuckten kleine, blaue Flammen.

Und immer wieder ruckte der ganze Wagon; denn der Riesenkrake hielt ihn immer noch umklammert und es sah nicht so aus, als würde er ihn gleich wieder loslassen.

Harald sah die widerlichen, schleimigen Saugnäpfe an seinen meterlangen Tentakeln, mit denen er sich an der Glaskuppel festsaugte. Und Harald sah die gierigen Stielaugen, die ihre Beute gnadenlos fixierten.

Und diese Beute war Harald.

Der Krake war wirklich riesig. Seine Fangarme reichten locker einmal um den ganzen Wagon herum. Es war nur eine Frage der Zeit, bis er die Glaskuppel knacken würde wie eine Muschel. Dann musste er Harald nur noch herausschlürfen aus seinem Sitz wie ein Feinschmecker eine Auster aus ihrer Schale.

Und deshalb bekam Harald nun doch ein bisschen Angst. Zum ersten Mal. Am Anfang hatte er gedacht, das finde alles nur in seinem Kopf statt.

Es war nämlich so, dass das Buch, in dem Harald gelesen hatte, eine Sciencefictiongeschichte war. Und gerade als Harald in den falschen Zug einstieg, da stieg auch der Held in seinem Buch in einen Zug. In dem Buch war das ein so genannter Raketenzug, der wie eine Rohrpost durch einen Tunnel geschossen wurde. Auf die Wände der Tunnelröhre wurden Filme projiziert, damit der Fahrgast den Eindruck hatte, er fahre durch herrliche Landschaften und nicht durch ein finsteres Loch.

Davon las Harald gerade, als er sich auf dem Rennfahrersitz niederließ. Und als sich der Sicherheitsbügel um seinen Bauch schloss und der Zug losfuhr, da dachte Harald: Jetzt passiert es mal wieder. Ich hab das Gefühl, in dem Buch zu sein. Ich bin selber der Held in der Geschichte, die ich gerade lese. Er kannte dieses Gefühl und er liebte es. Eigentlich liebte er nichts so sehr wie das Gefühl, in eine Geschichte hineinzugeraten. Es war aufregend, aber es war am Ende doch nur eine Geschichte.

Und so hatte er auch überhaupt keine Angst, als sich der Wagon nach kurzer Fahrt aus dem Bahnhof plötzlich nach vorne neigte und wie eine Achterbahn senkrecht in die Tiefe sauste.

Wow! Das liebe ich so am Lesen, hatte Harald gedacht. Du kannst ruhig in einem Sessel sitzen und die wildesten Abenteuer erleben. Er stieß einen Freudenschrei aus, als der Wagon zu einem eleganten Doppellooping ansetzte. Die Plastiktypen wackelten blöde mit den Köpfen und dem linken zischten ein paar Funken aus der Brust.

Gutes Buch, das einen so mitreißt, dachte Harald und merkte gar nicht, dass er schon lange nicht mehr las.

Dann war die Achterbahnfahrt zu Ende gewesen und der Zug fuhr über ein Gewirr von Brücken. Die Brücken machten keinen sehr vertrauenserweckenden Eindruck. Das war jetzt nicht mehr Sciencefiction, keine Zukunftsvision, das waren alte, wackelige Holzkonstruktionen. Der Zug musste ganz langsam fahren. Harald hörte das Knacken der Planken unter den Rädern.

Und jetzt sah er auch die Krokodile. Alle Wasserläufe waren voller Krokodile. Riesige, fette Krokodile, die nur darauf warteten, dass irgendwas herunterfiel, was sie mit ihren riesigen Mäulern knacken und auffressen konnten.

Und dann stürzte unter ihnen die Brücke ein. Der Zug fiel ins Wasser und ging sofort unter.

Aber Harald wurde nicht zur Beute für die fetten Krokodile, denn offenbar war der Zug für die Reise unter Wasser ausgerüstet. Er gewann schnell an Fahrt und sauste bald wie ein U-Boot immer tiefer hinunter. Offenbar mündete der Fluss ins Meer, denn Harald sah Haie und Rochen und Leuchtfische und –

– den Riesenkraken.

»Kraks!« machte es im Dach des Wagons, so laut, dass eigentlich die Kuppel hätte splittern müssen. Aber noch blieb das Glas heil. Freilich war klar, dass Harald etwas tun musste, von den Plastiktypen konnte er keine Hilfe erwarten. Doch, er hatte jetzt ein bisschen Angst. Deshalb klammerte er sich auch an den Sicherheitsbügel. Da merkte er, dass in den Bügel mehrere Knöpfe eingelassen waren.

»STEWARD«, stand auf dem einen Knopf. Harald drückte ihn. Es kam aber kein Steward, sondern es leuchteten die Augen des linken Plastiktypen auf. Dann schlugen Flammen aus seiner Brust und der Typ verschmurgelte zu einem Haufen ätzend stinkendem Plastikmüll.

Nicht sehr hilfreich, dachte Harald und drückte den zweiten Knopf »INFO«.

Eine sanfte Frauenstimme meldete sich und begrüßte alle Fahrgäste »in unserem Erlebniszug. Ich hoffe, Sie haben eine angenehme Fahrt und genießen Ihre Reise in unserem Abenteuerwagon. Wenn Sie Fragen haben, wenden Sie sich bitte an das Personal oder drücken Sie den Knopf »STEWARD«.

Sehr witzig, dachte Harald.

Kraks machte es.

Der Krake war um den Wagon herumgekrochen. Sein Auge schaute jetzt zum Seitenfenster herein. Es war ungefähr fünfzig Zentimeter von Harald entfernt.

Mein lieber Mann, dachte Harald, so bin ich noch nie in ein Buch hineingeraten.

Es gab noch einen dritten Knopf auf dem Sicherheitsbügel. »KAW«, stand drauf. Und Harald hatte keine Ahnung, was das bedeuten sollte. Aber alles war besser als dieses kalte, glitschige Auge da vor dem Fenster.

Harald drückte den Knopf.

Es knallte. Dann zischten Blitze um den Wagon und es sah aus, als würde die ganze Außenhaut zu glühen anfangen. Das Krakenauge wurde noch riesiger. Der ganze Wagon bebte. Aber dann lösten sich die Saugnäpfe und der Krake sauste in das dunkle Nichts des Meeres davon.

Im nächsten Augenblick verschwand allerdings auch das Meer, jedenfalls das lichte, durchsichtige Meer von vorhin. Es wurde finster.

Entweder wir liegen jetzt auf dem finsteren Meeresgrund oder die Glaskuppel ist gar nicht durchsichtig, dachte Harald. Auch sein Abteilfenster war nur noch schwarz. Alles war schwarz, dunkelschwarz, um genau zu sein. Und das war nicht sehr lustig.

Harald war gewohnt, dass seine Lektüre Bilder in seinen Kopf zauberte. Nachtschwarze, finstere Schwärze war nicht vorgesehen. Und da begriff Harald nun doch endlich, dass diese Zugfahrt nichts mit seinem Buch zu tun und er wirklich tausend gute Gründe hatte, Angst zu kriegen.

Etwas krachte an die Seitenwand. Der Wagon wackelte. Der Krake? War er doch noch da? Waren nur die Außenscheinwerfer abgestellt worden? Nein, nein! Harald glaubte nicht mehr, dass er wirklich unter Wasser gewesen war. Was er glaubte, war, dass er in einem verdammten Alptraum saß und keine Ahnung hatte, wie er da hineingeraten war. Er war schließlich nur wie jeden Tag zum Bahnhof gegangen und in seinen Zug gestiegen, der ihn zur Schule nach Butzbach bringen sollte, und nichts sonst. Alles andere war lächerlich, unglaubwürdig, total unglaubwürdig. Mist!!

Wenn so was in einem Buch stehen würde, er würde es nie glauben. Nie! Verdammt noch mal nie!!!

»Hilfe!«

Es krachte wieder und noch mal. Die Tür wurde aufgebrochen. Ein Haufen Leute in weißen Labormänteln stürzte in den Wagon. Sie redeten wirr durcheinander und riefen nach Licht und Lampen. Ein paar Taschenlampen gingen an. Sie sahen die beiden durchgeschmorten Plastiktypen und redeten noch wilder durcheinander. Und dann wurden sie plötzlich ganz still, denn sie hatten Harald entdeckt. Doch gleich schrien sie wieder los, wie denn so was passieren könne und wo denn der Junge herkomme und man solle ihn sofort aus dem Wagon schaffen und: Notarzt! und: erste Hilfe! Danach öffnete einer der Labormänner endlich den Sicherheitsbügel um Haralds Bauch.

Harald stand auf. Ein bisschen wackelten ihm die Knie. Aber sonst war er in Ordnung. »Die ersten beiden Knöpfe sind Mist«, sagte er. »Aber der dritte ist Klasse.«

»Er hat den KAW-Knopf betätigt!«, riefen die Labormänner. »Deshalb der Systemzusammenbruch!«

»Ich habe gleich losgelassen«, sagte Harald. Dann nahm er sein Buch und ging zur Tür. »Übrigens weiß ich, was KAW heißt: Krakenabwehr, oder?« Dann stieg er aus.

Genau in diesem Augenblick kam seine Mutter mit der Polizei am Bahnsteig an. »Harald!«, rief sie und schloss ihren Sohn in die Arme. »Ist dir was passiert?«

»Nein«, sagte Harald. »Ich glaub, ich bin in den falschen Zug gestiegen.«

Ein Herr in Anzug und Krawatte war hinzugetreten. Es war der Pressesprecher der Bahn. »Ich glaube, wir sind Ihnen eine Erklärung schuldig, gnädige Frau«, sagte er und führte Harald und seine Mutter in ein Büro. Dort erklärte er, dass man heute zum ersten Mal den virtuellen Erlebniswagon getestet habe. In Zukunft solle in jeden Zug so ein Wagon eingestellt werden. Und wenn es den Fahrgästen mal langweilig würde, dann könnten sie dorthin gehen und verschiedene Abenteuer erleben: zum Beispiel Achterbahn oder Unterwasserfahrt. Alles, was der Abenteuerfahrgast erlebe, sei künstlich erzeugt durch Projektionen, Geräusche und in die Sitze eingebaute Motoren. Das System sei noch in der Erprobung und werde eigentlich bislang nur mit künstlichen Menschen, so genannten Dummys, getestet. Dass Harald da hineingeraten sei, sei ein peinliches Versehen und man werde sich überlegen, wie man den Schaden wieder gutmachen könne.

»Für mich ist es gar kein Schaden«, sagte Harald. »Eher schon ein Nutzen. Ich hab die Schule versäumt. Und wir hätten heute Mathe gehabt.«

»Fehlt dir wirklich nichts?«, fragte der Pressesprecher besorgt.

»Nein«, sagte Harald. »Können wir jetzt gehen?« Ehrlich gesagt wollte er noch ein bisschen lesen. Er war schließlich neugierig, was der Held in seinem Buch auf seiner Zugfahrt noch erlebte und ob es ähnlich aufregend war wie seine Fahrt auf dem falschen Gleis.

ENDE

Monika Feth

Bahnhofsgeister

Sie waren lange auf der Suche gewesen. Nach einem Haus, urig und gemütlich, einer aufgegebenen Mühle vielleicht, einer ehemaligen Schule oder Scheune. Mele gefielen moderne Häuser besser, solche wie die, in denen ihre Freundinnen wohnten. Aber die Eltern hatten schon immer einen Hang zum Besonderen gehabt. Und dann hatte der Vater den kleinen alten Landbahnhof entdeckt, weitab vom Schuss. In einem der Nachbarorte war ein größerer gebaut worden und nun stand das alte Gebäude zum Verkauf.

Josse war von der Idee, in einem Bahnhof zu wohnen, hellauf begeistert gewesen. Er war ein Zugfreak und das Kursbuch war das einzige Buch, in dem er freiwillig las. Die Seiten waren schon ganz abgegriffen.

Mele hatte sich erbittert gewehrt. Sie wollte nicht aufs Land ziehen und vor allem die Schule nicht wechseln. Erst recht nicht für einen ollen Bahnhof.

Doch dann hatte sie ihn gesehen und sich auf den ersten Blick, widerstrebend, aber rettungslos, in ihn verliebt. Sie war über die stillgelegten Gleise spaziert. Zwischen den Schwellen wuchsen längst Gras und Kamille, schaukelte sacht wilder Mohn.

Der Kaufvertrag wurde unterschrieben. Trupps von Arbeitern rückten an, um Wände einzureißen und neue hochzuziehen. Mörtelstaub legte sich auf den roten Mohn. Ein halbes Jahr später zog die Familie um.

In der zweiten Nacht im neuen Haus schreckte Mele aus dem Schlaf. Etwas hatte sie aufgeweckt, aber sie wusste nicht, was es gewesen war. Noch ganz benommen taumelte sie hinunter in die Küche, um etwas zu trinken. Sie hatte ihren Lieblingsbecher eben mit Milch gefüllt und den Kühlschrank wieder zugemacht, da hörte sie das Pfeifen eines Zugs. Ihre Nackenhärchen richteten sich auf. Der letzte Zug war doch, wie ihnen die Leute aus dem Ort erzählt hatten, vor fünf Jahren an diesem Bahnhof vorbeigefahren ...

Fortsetzung von Marie-Luise Gorschlüter, Klasse 6.3 der Anne-Frank-Schule in Havixbeck

Mele hielt den Atem an. Sie schlich zum Fenster und schaute durch einen kleinen Spalt ins Freie. Doch es war nichts zu sehen. Der Mond verschwand gerade hinter einer Wolke und Mele starrte angestrengt in die weite Dunkelheit. Dort hinten begann das Moor. Häuser waren von diesem Fenster aus nicht zu sehen. Das Moor wirkte besonders in der Dunkelheit unheimlich. Nur die Eisenbahnschienen gaben ein Zeichen davon, dass das Moor nicht das Ende war. Die Zugstrecke führte direkt am Moor vorbei bis zur Grenze. Früher war hier die Grenze offen gewesen und mehrmals täglich fuhren Züge über diesen Grenzpunkt.

Mele wollte sich gerade umdrehen, als plötzlich in der Ferne ein Lichtstrahl aufblinkte. Jetzt noch einer und noch einer. Es wurden immer mehr. Mele sah, wie sie über den Boden glitten, doch plötzlich richtete sich einer der Lichtstrahlen auf eine Gestalt, die sich nur sehr langsam fortbewegte. Es schien, als hätte jemand schwer zu tragen. Mele zuckte zusammen, die Lichter verloschen. Mit einem Mal war es wieder stockfinster. Langsam gewöhnten sich ihre Augen an die Dunkelheit. Jetzt entdeckte sie auch den Zug, dessen Pfeifen sie gehört hatte. Er stand weiter entfernt vom Bahnhof, dort, wo das Moor begann. Mele durchzog wieder dieses mulmige Gefühl bei dem Gedanken an das Moor. Vorsichtig schob sie den Kopf etwas weiter vor. Sie erkannte, dass mehrere Personen neben dem Zug auf und ab liefen. Es waren mindestens sechs. Immer wieder wurden Taschenlampen an- und ausgeknipst, als wolle jemand ausprobieren, ob sie auch alle gut funktionierten. Als plötzlich ein Taschenlampenstrahl auf Mele gerichtet wurde, erschrak sie so sehr, dass sie schlagartig den Kopf einzog und sich am harten Küchenschrank stieß. *Au!* Sie griff sich mit der Hand an den schmerzenden Kopf. »So was Dummes!«, murmelte sie. Was sollte sie denn jetzt tun? Da stimmte doch irgendetwas nicht, kombinierte Mele messerscharf! Sollte sie vielleicht besser die Polizei alarmieren? Oder die Eltern wecken? Nach kurzem Überlegen entschloss sie sich erst einmal für das Letztere, weil sie sich dann sicherer fühlte. Auf Zehenspitzen schlich sie durch den Flur zum Elternschlafzimmer. Tausend Gedanken schwirrten durch ihren Kopf. Wer sind diese Leute und was wollen sie hier? Vielleicht sind es Diebe! Woher kommt der Zug überhaupt?

Mele zitterte vor Aufregung. Ohne ein Geräusch von sich zu geben, schlich sie weiter durch den Flur. Es war schon nach Mitternacht. Gerade schlug die Kuckucksuhr unten im Wohnzimmer zweimal. Normalerweise hasste Mele die alte, laute Uhr, die sie nachts bis hinauf in ihr Zimmer hören konnte, aber jetzt war sie für jedes vertraute Geräusch dankbar.

Als sie an Josses Zimmer vorbeikam, blieb sie schlagartig stehen. Sie hatte etwas gehört. Es kam aus dem Zimmer ihres Bruders. Sofort schoss Mele wieder die Angst in den Kopf. *Einbrecher! Vielleicht Leute aus dem Zug.* Oh nein! Ihr armer Bruder. Als Mele sich vorstellte, dass Josse gerade in diesem Moment von fremden Leuten bedroht oder ausgeraubt wurde, hätte sie fast angefangen zu weinen. Doch damit hätte sie sich eindeutig verraten. Deshalb riss sie sich zusammen und entschloss sich ruhig zu bleiben und erst mal abzuwarten.

Jetzt stand sie unmittelbar vor Josses Zimmertür. Sie wollte gerade vorsichtig durch den Türspalt spähen, als sie plötzlich über einen Gegenstand stolperte und der Länge nach auf den harten Holzboden fiel. Mele war sich ganz sicher, dass nun jeder im Haus gehört haben musste, dass jemand auf dem Flur war.

Immer noch war es ganz still, doch Mele traute sich nicht, irgendein Geräusch von sich zu geben, geschweige denn aufzustehen. Die Augen zu Boden gerichtet, lag sie bewegungslos da und wartete. Ein greller Lichtstrahl fiel auf Mele. Sie zuckte zusammen. Nun sah sie, wie jemand aus dem Zimmer ihres Bruders trat.

Langsam hob Mele den Kopf. Sie sah eine dunkle Gestalt, die direkt vor ihr stand. Kalt lief es ihr den Rücken hinunter, doch gerade als sie schreien wollte, presste jemand ihr eine kalte Hand vor den Mund. Von da an ging alles ganz schnell. Sie wurde in Josses Zimmer geschoben und auf sein Bett gedrückt. Sie hörte, wie die Zimmertür geschlossen wurde. Doch sie wagte nicht zu schreien. Mele bekam eine Gänsehaut. Sie traute sich nicht den Kopf zu heben.

Auf einmal wurde ihr klar, wie dumm es von ihr gewesen war, nicht sofort die Polizei zu rufen. Doch jetzt war es zu spät. Jetzt war sie verloren.

»W… was wollen Sie von mir?«, stotterte sie nach einiger Zeit leise und voller Verzweiflung. Da sagte plötzlich eine bekannte Stimme: »Seid wann siezen wir uns denn, Schwesterchen?«

Erstaunt hob Mele den Kopf. Und noch erstaunter war sie, als sie in das grinsende Gesicht ihres Bruders blickte. Mele blickte ihn entgeistert an. Dann erst begriff sie. »Oh Gott! Wie siehst du denn aus?«, fragte sie.

Ihr Bruder, der sonst immer einigermaßen ordentlich angezogen war und um diese Zeit normalerweise Schlafanzüge trug, war mit einer schlabberigen, dunkelbraunen Kordhose, einer dreckigen, schwarzen Jacke und einem riesigen, schwarzen Hut bekleidet, der seine Augen fast ganz verdeckte. Außerdem hatte er sein Gesicht mit Ruß dunkel gefärbt und trug auf der rechten Wange ein großes rotes Pflaster.

»Wie ich aussehe ist doch jetzt egal! Hauptsache, du verrätst Mama und Papa nichts von den Zügen!«, flüsterte Josse eindringlich.

»Hast du ihn etwa auch gehört?«, fragte Mele aufgeregt. Und ohne seine Antwort abzuwarten, fuhr sie fort: »Oh Josse, was sollen wir denn jetzt tun?«

»Jetzt musst du mir erst einmal versprechen, dass du Mama und Papa nichts davon erzählst!«, wiederholte er ernst.

Mele blickte ihn verständnislos an. »Warum denn nicht?«, fragte sie unsicher.

Josse schaute schweigend auf seine Fußspitzen. »Weil …«, er sah sich um, geradeso, als wolle er sicher sein, dass sie nicht belauscht würden.

»Nun sag schon!«, platzte Mele heraus.

Langsam fing Josse an zu erzählen: »Du weißt doch«, begann er, »dass ich normalerweise nur ein Hobby habe, nämlich das Kursbuch zu lesen. Gestern kam dieser mysteriöse Zug schon einmal. Also an zwei Abenden hintereinander. Das Komische daran ist, dass ich in den alten Kursbüchern diese Fahrzeit nicht entdecken konnte. Und immerhin besitze ich die Kursbücher der letzten zehn Jahre. Es ist aber eindeutig ein Personenzug mit nur einem großen Gepäckwagen. Nach der Lok zu urteilen, handelt es sich um ein älteres Modell.«

»Warum soll ich das denn nicht Mama und Papa erzählen?«, unterbrach Mele ihn jetzt.

»Warte doch mal ab!«, sagte Josse ungehalten. »Man braucht doch nur zwei und zwei zusammenzuzählen, um zu wissen, dass hier etwas nicht mit rechten Dingen zugeht!«

»Das hab ich mir auch schon gedacht«, sagte Mele mürrisch, die fand, dass ihr Bruder sich etwas zu sehr aufspielte mit seinem Kursbuchwissen. »Spann mich nicht so auf die Folter!«, sagte sie schließlich. »Was hast du vor?«

Ihr Bruder holte tief Luft und flüsterte dann leise: »Das ist eindeutig ein Fall für einen guten Detektiv!« Die letzten Worte sprach Josse ganz deutlich und betont. »Und dieser Detektiv, liebes Schwesterchen, das bin ich! Ist doch klar! Ich wollte nämlich schon immer Detektiv werden. Und was du hier siehst, ist meine Detektivkleidung!« Josse richtete sich auf und zeigte stolz auf seine Kleidung. »Außerdem ist Detektivsein mein zweites Hobby!«

Und ohne dass Mele etwas erwidern konnte, fuhr er fort: »Dieser geheimnisvolle Zug wird der erste Fall sein, den ich ganz alleine löse. Ich vermute, dass mit diesem Zug Waren über die Grenze geschmuggelt werden. Doch Mama und Papa würden mir nie erlauben, den Fall zu lösen.«

»Aber das kannst du doch auch gar nicht! Und schon gar nicht allein!«, protestierte Mele. »Und was ist, wenn die Leute aus dem Zug wirklich Schmuggler sind? Dann sind sie sicher gefährlich! Vielleicht sind es ja Verbrecher! Was machst du denn dann?«

»Daran habe ich auch schon gedacht«, erwiderte Josse, aber das wird mich nicht davon abhalten, den Fall zu lösen. Je gefährlicher desto besser. Dieser Fall ist meine Chance!«

»Was ist, wenn sie dich erwischen? Dann ist keiner da, der dir helfen kann!«, widersprach Mele. Sie war sich sicher, ihren Bruder davon überzeugen zu müssen, von diesem Fall die Finger zu lassen. Doch da hatte sie sich in Josse getäuscht. Denn der blieb hart und redete noch so lange auf sie ein, bis Mele ihm versprach den Eltern nichts zu verraten.

An den nächsten Tagen machte Josse einen eher unausgeschlafenen Eindruck. Das war auch kein Wunder. Nacht für Nacht war er aufgeblieben in der Hoffnung, der Zug würde noch einmal kommen. Mele war da anderer Meinung.

Als der Zug nach drei Tagen immer noch nicht kam, beschloss Josse, sich einmal an der Grenze zum alten Moor umzuschauen. Damit seine Eltern nichts bemerkten, hatte er angekündigt, dass er besonders früh schlafen gehe, um morgen für die bevorstehende Arbeit in der Schule fit zu sein.

Als Mele davon erfuhr, erschrak sie: »Zum alten Moor? Das ist doch gefährlich!«, rief sie entsetzt.

Doch ihr Bruder grinste nur und meinte: »Mach dir keine Sorgen, Schwesterchen! Ich bin doch kein Kleinkind mehr ...« Mele schnappte nach Luft. Doch bevor sie etwas erwidern konnte, hatte ihr Bruder das Zimmer verlassen. Vom Flur aus rief er ihr noch zu: »Denk an dein Versprechen, nichts zu sagen!«

Allmählich wurde der Boden unter seinen Füßen matschiger, als Josse sich dem dunklen Moor näherte. Er kam an einen Stacheldraht, an dem ein Schild befestigt war. »Warnung!«, stand in großen Buchstaben darauf. »Hier beginnt der gefährliche Teil des Moores. Betreten strengstens verboten!« Josse zögerte einen Moment, doch dann kletterte er vorsichtig hinüber. Er wollte sich nur ein paar Schritte vom Zaun entfernen. Weiter nicht! Die Vorstellung, im Moor zu versinken, schien ihm nicht gerade erstrebenswert. Während der ganzen Zeit hielt er die Augen zu Boden gerichtet und suchte mit angestrengtem Blick irgendwelche Indizien, die mit dem Zug im Zusammenhang stehen könnten. Die Schienen waren von hier aus nur zehn Meter entfernt.

Sein Blick glitt über den Boden. Nur Gras, Gras und nochmals Gras. *Aber was war denn das?* Josse hob einen kleinen Gegenstand auf, der aussah wie ein Knopf. Als er ihn genauer betrachtete, staunte er nicht schlecht. Er hatte eine volle Gewehrpatrone in der Hand. Und zwar keine ungefährliche. Vorsichtig steckte er sie in die Tasche. Er beschloss, sie zu Hause erst einmal gründlich zu untersuchen.

Doch so weit sollte es nicht mehr kommen, denn gerade in diesem Moment hörte er das Pfeifen eines Zuges. Josse erschrak. *Oh nein!* Was sollte er jetzt machen? »Ganz ruhig bleiben!«, sprach er sich leise Mut zu. Aber er zitterte am ganzen Körper. Er flüchtete tiefer in die Dunkelheit und hoffte inständig, der Zug möge ein Stück entfernt halten. Doch der Zug kam immer näher und wurde immer größer. Josse stockte der Atem. Dann, als der Zug nur noch knappe fünfzehn Meter von ihm entfernt war, begann Josse plötzlich zu rennen. Er rannte einfach geradeaus. Als er endlich einen kleinen Busch erreichte, ließ er sich ins Gras fallen. Er wollte wissen, was passierte, traute sich jedoch nicht, den Kopf zu heben.

Erst nach ein paar Minuten erhob er sich langsam und spähte durch ein paar dünne Zweige zu dem geheimnisvollen Zug hinüber, der inzwischen angehalten hatte. Aufgeregt beobachtete er alles, was sich dort ein paar Meter von ihm entfernt abspielte: Ein paar Männer schleppten schwere Kisten, die sie in der Nähe des Zuges auf den Boden stellten. Andere wiederum unterhielten sich über irgendetwas, was sie furchtbar aufzuregen schien.

»Worüber streiten die sich bloß«, grübelte Josse. »Ich muss näher zu ihnen, um sie belauschen zu können!« Er beschloss auf dem Bauch langsam vorwärts zu robben. Das war allerdings riskant, weil er sich jetzt ganz nah am Moor befand. Jeden Moment konnte er in einem Moorloch versinken. Doch da er sich vorsichtig mit den Händen vortastete, gelang es ihm schon bald, in die Nähe der Männer zu kommen.

»Warum sollen wir die Ware nicht heute Nacht hier stehen lassen und sie erst morgen durchs Moor schmuggeln?«, fragte einer der Männer. Daraufhin protestierten die anderen, das sei unmöglich, weil sie sofort entdeckt seien, wenn jemand die Ware in der Zwischenzeit finden würde.

Josse zuckte zusammen. *Schmuggler!* Sein Verdacht war also richtig gewesen. Aber was war diese Ware, von der sie immer sprachen? Hier standen doch gar keine Kisten oder Kartons, wo sie drin sein könnte. Aber warte mal. *Kisten!* Jetzt ging Josse ein Licht auf. Die Männer vorhin. Die, die Kisten getragen hatten. Wo waren sie denn jetzt? Josse schaute sich um. Ah, da standen sie ja. Die Kisten etwas weiter hinten, dort, wo das Moor begann. Ich muss unbedingt wissen, was hier geschmuggelt wird, dachte Josse. Doch gerade als er sich den Kisten mit der geheimnisvollen Ware näherte, hörte er hinter sich plötzlich ein leises Knacken. Erschrocken drehte er sich um und erstarrte. Hinter ihm standen zwei Männer und sahen ihn erbost an. »Ach, schau mal an, wen haben wir denn da?«, polterte einer von ihnen. Die anderen waren schnell zur Stelle. Sie bildeten einen Halbkreis und wirkten sehr böse. Josse guckte sie entsetzt an. Er brachte keinen Ton heraus. Es war nichts zu hören außer dem schweren Atem der Männer. Auf einmal trat einer von ihnen vor und fragte mit dunkler, drohender Stimme: »Was willst du hier? Du hast uns doch nicht etwa belauscht?«

»N… nein«, log Josse stotternd. Und als er sich wieder etwas gefasst hatte, stammelte er: »Ich beobachtete Moornachtfalter, wissen Sie?! Ganz seltene …«

Die Männer brachen in schallendes Gelächter aus. »Moornachtfalter. So ein Unsinn!« Einen kleinen Moment sagte keiner etwas, doch dann meinte der mit dem großen Hut, der nicht gelacht hatte: »Ich finde, das ist gar nicht witzig. Er könnte uns bei den Bullen verpfeifen!« – »Werfen wir ihn ins Moor!«, brummte ein besonders Dicker. »Ich finde, wir sollten ihn erst einmal in einem der Wagen gefangen halten. Dann können wir ihn immer noch beseitigen, wenn wir hier fertig sind, oder ihn als Geisel halten, falls es Probleme gibt.« – »Vielleicht springt dann sogar noch was für uns raus«, stimmte der mit dem Hut zu. Die anderen schienen von diesem Vorschlag sichtlich begeistert, denn sie nickten ihm alle zu.

Josse, der noch immer auf dem Boden saß, stieß einen Seufzer der Erleichterung aus, als er hörte, dass er doch nicht sofort ins Moor geworfen werden sollte. Gefangen zu sein gefiel ihm in dieser Situation deutlich besser als zu sterben.

Jetzt beugten sich zwei Männer zu ihm hinunter und griffen ihm unter die Arme. Sie packten ziemlich hart zu und Josse musste sich einen Aufschrei verkneifen. Vor Schreck ließ er seine Taschenlampe fallen. Doch die Männer schienen es nicht zu bemerken. Sie schubsten ihn zum Zug und einer der Männer öffnete die Schiebetür eines Wagons. Unsanft wurde Josse in den dunklen Gepäckwagen gestoßen. Mit lautem Gepolter schob sich die Tür ins Schloss.

Josse sah sich um. Soweit er es in der Dunkelheit erkennen konnte, war der Wagon leer. Ringsherum nur kahle Wände. Seufzend ließ er sich in einer dunklen Ecke nieder. Was Mele und seine Eltern jetzt wohl machen würden. Er konnte ja nicht ahnen, dass seine Schwester alles vom Fenster aus beobachtet hatte.

Während Josse weiter im Wagon saß, war Mele nicht untätig gewesen. Ihr war eingefallen, dass ihr Vater ein altes Fernglas besaß. Nach einigem Suchen hatte sie es auf dem Dachboden schließlich in einem noch nicht ausgepackten Umzugskarton entdeckt. Gerade noch rechtzeitig, denn was sie kurz darauf durch das Fernglas beobachtete, war ziemlich aufregend. So was Blödes, dass Josse ausgerechnet in der Nacht auf Erkundung ging, in der auch dieser verdammte Zug kam, dachte Mele.

Wieder schleppten die Männer etwas Schweres aus dem Zug in Richtung Moor. Mele konnte es durch das Fernglas jetzt ganz genau sehen. »Wo mag Josse nur stecken?«, fragte sie sich. Doch gerade in diesem Moment geschah da drüben irgendetwas. Die Männer versammelten sich an einer Stelle und dann sah Mele, dass kurz darauf zwei Männer ein schweres Bündel zum Zug zurücktrugen, das offensichtlich zappelte. Mele dachte, ihr Herz bliebe stehen. Das konnte nur Josse sein. Sie hatten ihn entdeckt. Jetzt steckten die Männer ihn in einen großen Wagon. Mele war entsetzt und ratlos. Plötzlich hatte sie Sehnsucht nach ihrem Bruder, den sie ja auch schon oft genug weit weg gewünscht hatte. Sie überlegte, wie sie den Eltern beibringen sollte, dass Josse weg war. Sie konnte ja nicht einfach ihr Versprechen brechen und ihren Eltern von dem nächtlichen Geschehen erzählen. Außerdem setzte sich gerade in diesem Moment der Zug wieder in Bewegung. Vielleicht schaffte Josse es, zu fliehen. Dann würde sie ihm ja die Chance verpatzen, den Fall zu lösen. Und wenn sie sich richtig erinnerte, kam der Zug bisher immer in zwei Nächten direkt hintereinander. Ihr blieb also noch etwas Zeit.

Was aber, wenn der Zug in der nächsten Nacht nicht kam?«, schoss es ihr durch den Kopf. »Dann muss ich alles sagen. Da hilft nichts!«, sagte sie laut und bestimmt zu sich selbst. Ihre Eltern müssten doch spätestens morgen früh selber merken, dass ihr Sohn weg war. Also beschloss sie so zu tun, als wüsste sie von nichts. Doch sie lag noch die ganze Nacht wach und musste an Josse denken.

Am nächsten Morgen riefen ihre Eltern bei allen Schulfreunden von Josse an, ob irgendjemand eine Ahnung haben könnte, wohin Josse verschwunden sei. Um zehn Uhr früh fuhren sie aufs Polizeirevier, um eine Vermisstenanzeige aufzugeben. Panisch versuchte Meles Mutter Josse zu beschreiben und brach immer wieder in Tränen aus. Meles Vater ging aufgeregt im Zimmer auf und ab. Obwohl er vor einem Jahr aufgehört hatte zu rauchen, nahm er die angebotene Zigarette des Polizisten an und entzündete sie mit zitternden Fingern. Hastig zog er mehrfach daran und blies den Rauch mit starrem Blick vor sich hin.

Da beschloss Mele Josse selbst zu befreien. Sobald der Zug noch einmal kommen würde, würde sie sich zum Moor schleichen, um ihren Bruder zu retten. Meles Plan ging auf. Tatsächlich kam der Zug auch in der nächsten Nacht, genau wie Mele vermutet hatte. Der Zug rollte in Richtung Moor. Mele knipste das Licht aus und schloss die Zimmertür ab. Hatte sie auch an alles gedacht? Taschenlampe, Messer, Regenjacke, ein Stück Brot, Seil ... Ja, alles komplett. Mele schlich durch den Flur. Leise öffnete sie die Haustür und huschte ins Freie. Es fing an zu regnen und kalt war ihr auch, doch das machte ihr nichts aus. Sie wollte Josse *auf jeden Fall* befreien. Hoffentlich hatten sie ihn zwischenzeitlich nicht woanders eingesperrt.

Als sie näher kam, sah sie auch schon die vielen Männer, die sich mit schweren Kisten abschleppten. Der Zug stand diesmal etwas weiter entfernt vom Moor, sodass sie sich gut hinter den vielen Büschen verstecken konnte. Immer näher kam sie dem Zug und je näher sie kam, desto ängstlicher wurde sie. Als sie den ersten Wagon erreicht hatte, konnte sie wieder ganz normal aufrecht gehen, denn die Männer befanden sich auf der anderen Seite des Zuges. Sie knipste die Taschenlampe an und leuchtete die Zugwände ab. Einer der Wagons war mit einem dicken Seil verriegelt. Auf Zehenspitzen schlich Mele zu diesem Wagon. Sie versuchte den Knoten zu lösen, aber sie schaffte es nicht. Er war zu fest. Also zog sie das Taschenmesser aus ihrem Rucksack und fing an das Seil zu zerschneiden. Es dauerte ewig, aber schließlich hatte sie es geschafft. Es gelang ihr, die schwere Eisentür einen Spalt weit zu öffnen, sodass sie den Kopf hineinstecken konnte. Im Wagon war es stockdunkel. Als sich Meles Augen nach kurzer Zeit an die Dunkelheit gewöhnt hatten, konnte man ihr die Enttäuschung ansehen. Der Wagon war leer. Oder?! Was war denn das? Da war doch etwas in der Ecke des Wagons. Da saß doch jemand. Mele zwängte sich durch den Spalt. Vorsichtig ging sie näher heran. »Josse!« Ihre Augen strahlten, als sie Josse erkannte. Endlich hatte sie ihn gefunden.

Sie rüttelte ihn an der Schulter. »Josse, Josse, wach auf! Ich bin's, Mele«, flüsterte sie aufgeregt.

Langsam öffnete ihr Bruder die Augen. »Mele!«, stammelte er noch ganz benommen. »Was machst du denn hier?«

»Dich befreien, was denn sonst!«, erwiderte sie glücklich. »Und ich weiß auch schon wie. Ich habe nämlich einen Plan. Also, ich weiß ja jetzt, wo du bist. Und jetzt laufe ich schnell zur Polizei und beschreibe ihr alles ganz genau. Du musst allerdings erst hier bleiben, falls die Männer gucken, ob du noch da bist. Wir müssen uns jetzt beeilen, bevor die Männer wieder wegfahren! Aber bevor ich dich hier wieder allein lasse, habe ich noch etwas zu essen für dich.« Sie zog ein belegtes Brot aus dem Rucksack und reichte es Josse.

Der nahm es gierig und meinte schmatzend: »Danke schön! Ich weiß nicht, was ich ohne dich gemacht hätte!« Dann biss er noch einmal kräftig zu. »Mele«, sagte er jetzt, »du kannst mich nicht hier lassen. Wer weiß, wohin sie mich bringen. Ich habe nicht erkennen können, wohin der Zug fuhr. Den ganzen Tag haben sie mich hier in diesem dunklen Wagen gelassen. Bitte nimm mich mit!«

»Vertrau mir«, sagte Mele und legte ihm die Hand auf die Schulter. »Ich weiß genau, was ich tue. Der Zug fährt dahin, wo ich will. Ich habe nämlich die alte Weiche umgestellt, bevor ich zu dir kam. Von hier aus fährt der Zug direkt zum Nachbarort. Also Richtung Polizeistation. Ich alarmiere die Polizei inzwischen. Dort sehen wir uns wieder, Brüderchen!«

Mele verabschiedete sich schnell, stieg dann geräuschlos aus dem Wagon, nicht ohne die schwere Schiebetür, so gut es ging, wieder zu verschließen. Sie machte sich auf den Weg zum Polizeirevier. Zu Hause schnappte sie sich ihr Fahrrad, das sie an der Ecke schon bereitgestellt hatte. Sie trat kräftig in die Pedale.

Mele betrat den Flur des Polizeireviers und lief an den vielen Bürotüren vorbei. Wo sollte sie anklopfen? Als sie hinter einer Tür irgendetwas von einem Schmuggel hörte, blieb sie schlagartig stehen. Sie hörte, wie sich zwei Männer ziemlich laut unterhielten.

»Wie soll denn jemand Gewehre über die Grenze schmuggeln können? Da muss man ja durch das Moor!«, meinte der eine. »Das ist doch unmöglich. Es gibt zum Moor doch gar keine befahrbare Straße. Sie können die Gewehre ja nicht von ihrem Lager bis zum Moor zu Fuß tragen und dann noch durchs Moor schmuggeln.« – »Aber woher könnten sie die Gewehre sonst noch geschmuggelt haben?«, erwiderte der andere fragend.

Mele drückte die Klinke runter und trat ein. An einem großen Schreibtisch saß ein dicker Polizist. Ein jüngerer stand daneben. Beide sahen Mele überrascht an. Der eine fragte: »Was möchtest du denn, junge Dame?«

»Ich …« Mele stockte. Da deutete der dicke Polizist mit der Hand auf einen großen Sessel. Mele verstand. Erleichtert ließ sie sich in den Sessel fallen.

»Ich habe gerade gehört, worüber Sie gesprochen haben, und da wollte ich Ihnen sagen, dass mein Bruder von diesen Schmugglern gefangen genommen worden ist, als er sie bei dem Zug beobachtet hat, mit dem sie die Gewehre zum Moor bringen«, erklärte Mele aufgeregt, ohne abzusetzen.

Die beiden Polizisten blickten sie erstaunt an. Der Dicke fragte: »Gefangen genommen worden? Von den Schmugglern? Wie kommst du denn darauf, dass ausgerechnet die Schmuggler deinen Bruder gekidnappt haben?« Weiter kam er nicht, denn das Telefon klingelte. Der jüngere Polizist nahm ab und verschwand mit dem Apparat im Nebenzimmer. Da wiederholte der dicke Polizist seine Fragen und schaute Mele neugierig an.

Mele bekam ein mulmiges Gefühl. Deshalb fragte sie ihn: »Nehmen Sie mir das überhaupt ab?«

Der Polizist schwieg und meinte dann: »Na ja, ehrlich gesagt, so ganz glaube ich dir das nicht. Gekidnappt von Schmugglern! Mit einem Zug zum Moor! Das bekommt doch jeder mit.«

Mele wollte gerade protestieren, dass so nah am Moor doch außer ihnen niemand wohnte, da kam der jüngere Polizist herein. »Ich habe gerade einen wichtigen Anruf erhalten!«, wandte er sich an den dicken Polizisten. »Worum ging's?«, erkundigte sich der andere. »Man hat Hinweise darauf gefunden, dass die Schmuggler wahrscheinlich die Gewehre mit einem Zug auf versteckten Gleisen bis zum Moor transportieren und dann mit vier oder fünf Männern zu Fuß weitergehen. Außerdem wurde an der Grenze zum Moor eine Kindertaschenlampe gefunden. Es könnte sich bei dem Kind um den vermisst gemeldeten Jungen handeln«, berichtete der junge Polizist.

Mele nickte und erwiderte: »Ja, das ist mein Bruder. Außerdem habe ich alles von unserem Fenster aus beobachtet. Aber das erzählte ich Ihnen später. Ich fürchte, jetzt müssen wir uns beeilen, sonst fährt der Zug noch ohne uns weg. Ach, die Taschenlampe, von der Sie eben sprachen, die ist garantiert von meinem Bruder. Er hat nämlich eine, die ist schon acht Jahre alt …!« Die beiden Polizisten lachten und meinte, Mele solle jetzt auf jeden Fall erst einmal ihre Eltern informieren und auf der Polizeistation auf sie warten. Mele wollte protestieren, aber ohne Erfolg. Zu gerne hätte sie die Polizei bei ihrem Einsatz gesehen.

In der Polizeistation wurde Großalarm gegeben. Aus allen Ecken kamen Beamte zusammen und in Windeseile wurde ein Plan entworfen. »Aber vorsichtig! Die Kerle sind bestimmt bewaffnet!«, warnte Mele. Nachdem sie den Polizisten in Kurzform erzählt hatte, wo genau der Wagon mit Josse hinfuhr, rief sie ihre Eltern an und berichtete ihnen haarklein, was passiert war. Diese waren natürlich erleichtert und froh zu wissen, wo Josse steckte. Aber noch war die Gefahr ja nicht vorüber. Sie vereinbarten auf die Polizeistation zu kommen.

Schon zehn Minuten später traf der Zug im Bahnhof des Ortes ein und wurde dort zum Halten gezwungen. Dann ging alles blitzschnell. Die Schmuggler hatten keine Chance und ergaben sich mit erhobenen Händen, als sie der Übermacht der Polizei gegenüberstanden.

Schon eine Stunde später trafen Josse und die Polizisten auf dem Polizeirevier ein. Die Polizisten erzählten, wie sie die Schmuggler geschnappt und schließlich dingfest gemacht hatten. Der Vater sagte nachdenklich: »Und ich dachte, wir wären in eine ruhigere Gegend gezogen ... Aber wenn Josse jetzt Detektiv werden möchte, wird es hier wohl öfter turbulent zugehen!«

Da schaute Josse seinen Vater an und meinte: »Weißt du, Paps, ich glaube, wenn ich groß bin, werde ich doch kein Detektiv. Da studiere ich lieber weiter meine Kursbücher.«

Der Vater seufzte erleichtert. Dann lächelte er Mele zu und sagte: »Und wenn Mele jetzt noch einen netten Beruf wie zum Beispiel Lehrerin wählt, dann könnte es bei uns immer schön ruhig sein.«

Mele schaute ihren Vater wortlos an. Dann verkündete sie mit einem verschmitzten Grinsen im Gesicht: »Also, bevor ich Lehrerin werde, werde ich doch lieber Detektiv ...!«

ENDE

Fortsetzung von Jessica Schwering, Klasse 6a der Orientierungsstufe Laxten

Und dieser Zug war eben auf dieser letzten Fahrt spurlos verschwunden. Keiner wusste, wo Zug und Passagiere abgeblieben waren. Einige Leute erzählten, der Zug sei auf einer Brücke entgleist und in den See gefallen, wo dann alle Insassen ertrunken wären. Andere glaubten, Gangster hätten den Zug gekidnappt. Nur der alte Wahrsager Emil behauptete – und das machte Mele mehr Angst –, dass die

Gespenster-Liese, so wurde sie ihrerzeit im Dorf genannt, den Zug mitsamt seinen Insassen ins Reich der ruhelosen Untoten befördert habe, wo diese nun bis in alle Ewigkeit dazu verdammt seien, der Geister-Liese zu dienen. Jeden Abend um zwölf Uhr sollte nun, so erzählte es zumindest der alte Emil, der Geisterzug diese Strecke entlangfahren. Auf dem ganzen Weg ließ der Schaffner verzweifelt den Zug pfeifen, in der Hoffnung, jemand hörte es. Jedoch nur eine einzige auserwählte Person konnte das Pfeifen hören und den Zug sehen. Und nur diese Person konnte die Passagiere von der bösen Gespenster-Liese befreien …

Da, plötzlich hörte Mele es wieder: Tschüt-tschüt. Und ganz leise hörte sie, wie Stimmen wimmerten: »Hilfe!« – »Zu Hilfe!« – »Hört uns denn niemand?« – »So helft doch!«

Schreiend ließ Mele ihren Becher fallen. Ihr Mund war ganz trocken. Bildete sie sich alles nur ein? Unmöglich! Laut und deutlich vernahm sie Hilferufe. Mele wollte wegrennen, doch wie gelähmt blieb sie starr vor Schreck stehen. Da hörte sie auch noch Schritte im Haus! Sie erkannte ihren Vater und Josse, ihren Bruder.

»Mensch, du siehst ja aus, als hättest du einen Geist gesehen«, lachte der Vater und klopfte ihr auf die Schulter.

»Schon möglich«, murmelte Josse.

»Oh nein, verschone uns mit deinen Schauergeschichten, Josse«, stöhnte der Vater.

»Nein, wirklich«, verteidigte sich Josse, »vor fünf Jahren ist hier tatsächlich ein Zug abhanden gekommen.«

»Och bitte. Ich glaub doch nicht wirklich an solchen Kinderkram. Du doch auch nicht, nicht wahr, Mele? Mele!« Der Vater gab ihr einen leichten Stoß.

»Faszinierend. Keine Regung. Wie versteinert«, stellte Josse fest.

In diesem Moment bemerkte der Vater den zerbrochenen

Becher auf dem Boden. »Mele, was ist los? Weshalb hast du den Becher fallen gelassen?«, fragte er.

»Ein Zug. Ich ... ich habe einen Zug gehört«, stammelte Mele.

»Einen Zug! Klar. Du hast einen Zug gehört. Und ich bin der Kaiser von China. Mele, der letzte Zug ist hier vor fünf Jahren langgefahren«, erklärte Josse und schüttelte ungläubig den Kopf.

»Da! Hört ihr das etwa nicht?«, fragte Mele mit zittriger Stimme. Sie hatte eben wieder das Pfeifen eines Zuges gehört.

»Was sollen wir gehört haben?«, fragte der Vater verdattert.

»Das Pfeifen«, stotterte Mele.

»Jetzt ist sie vollkommen durchgeknallt«, meinte Josse und tippte sich gegen die Stirn.

»Jetzt fährt der Zug weiter«, rief Mele aufgebracht, »habt ihr denn gar nichts gehört?« Da wurde Mele klar: Sie war die auserwählte Person. Weder Vater noch Josse konnten etwas hören, geschweige denn sehen.

»Mele, wahrscheinlich hast du nur schlecht geträumt«, begann der Vater. »Am besten, du nimmst ein paar Baldriantropfen und legst dich wieder schlafen.«

Beklommen nickte Mele. Sie hatte doch wirklich etwas gehört. Was sollte sie nun bloß machen? Gleich morgen wollte sie den Wahrsager Emil fragen.

Als Mele am nächsten Morgen aufwachte, glaubte sie alles nur geträumt zu haben. »Mensch, was hatte ich für einen Alptraum«, dachte sie und zog sich langsam an. Sie hatte ja Zeit. Es waren nämlich Sommerferien.

Als Mele in die Küche kam, wollte sie sich ihren Lieblingsbecher aus dem Schrank holen, konnte ihn aber nirgends finden. »Mama, ich habe dir schon tausendmal gesagt, du sollst meinen Becher nicht in die Geschirrspülmaschine tun, dann geht das Hundebild ab«, schimpfte sie.

»Ich habe deinen Becher noch nie in die Maschine getan«, verteidigte sich die Mutter.

»Mele, du hast ihn doch gestern selbst fallen gelassen«, erklärte der Vater.

»Dann war das gestern doch kein böser Traum«, stellte Mele entsetzt fest.

»Was war kein böser Traum?«, wollte die Mutter wissen.

»Frag lieber nicht, sonst fängt sie wieder davon an«, meinte der Vater.

»Wovon?«, fragte die Mutter und reichte Mele ein Marmeladenbrötchen.

»Nein, danke, ich will nicht«, entschuldigte Mele sich und ging nach draußen.

Sollte ich die auserwählte Person sein?, überlegte sie entsetzt und stieß einen Stein weg. Gedankenverloren schlenderte sie zum Haus des alten Wahrsagers Emil. Dort angekommen klingelte sie das vereinbarte Zeichen, dreimal lang und zweimal kurz.

Nach einigen Minuten öffnete Emil die Haustür. Er war schon so alt, dass er sich bei jedem Schritt, den er machte, schwer auf einen alten Stock stützen musste. »Tag, Mele, was treibt dich denn hierher?«

»Och, nichts Besonderes«, schwindelte sie.

»Na, dann komm erst einmal rein und mach es dir bequem. Man bekommt ja schließlich nicht alle Tage so netten Besuch«, meinte der Wahrsager und humpelte vor ihr her.

»Du, Emil«, begann sie, »was hat das eigentlich mit dem berüchtigten Geisterzug auf sich?«

Emil sah erstaunt hoch: »Weshalb fragst du?«

Erst wollte Mele »Nur so« sagen, dann entschied sie sich

aber für die Wahrheit und antwortete: »Ich ... ich habe den Zug nämlich gehört.«

»Bist du dir auch ganz sicher?«, fragte Emil nach langem Zögern. Mele nickte. »Hm, dann tust du mir Leid«, meinte er sichtlich traurig.

»Wieso?«, wollte Mele wissen.

»Weil du dann dein Leben lang von den Geistern heimgesucht werden wirst«, brachte er schließlich hervor.

»Mein ganzes Leben lang?«, fragte sie erstaunt und stand vor Schreck auf, setzte sich aber gleich wieder.

Traurig fuhr der Alte fort: »Erst wenn du tot bist, wirst du vor den Geistern deine Ruhe haben.«

»Aber wenn ich tot bin, kann ich den Untoten doch helfen, die Geister-Liese fortzujagen«, wandte Mele ein.

»Leider nein, sie werden jemand anderes erschrecken«, erklärte Emil.

»Dann gibt es für mich also keine Chance, den Geistern zu helfen und vor ihnen Ruhe zu haben?«, wollte Mele wissen.

»Das weiß ich nicht«, erwiderte Emil.

»Hm, frag doch mal die Kräfte der weißen Magie, die wissen es garantiert«, forderte Mele den Wahrsager Emil auf.

»Wenn du meinst«, murmelte dieser, breitete seine Arme aus, legte Daumen und Ringfinger übereinander und sprach einige Zauberworte. Plötzlich meinte er: »Um den Geistern zu helfen, musst du heute Nacht sterben.«

»Waaas? Das ist ja schrecklich«, schrie Mele entsetzt. Beinahe hätte sie losgeweint, doch Emil legte seinen Zeigefinger auf den Mund. Wie in Trance sprach er weiter: »Es heißt nämlich: Wenn ein Auserwählter an dem Tag, nachdem er das Pfeifen des Zuges zum ersten Mal gehört hat, abends um acht Uhr eine gelbe Rose auf sein Fensterbrett legt und sich um zwölf Uhr während eines Gewitters auf die Schienen stellt, dann wird er vom Geisterzug überfahren und gelangt ins Reich der ruhelosen Untoten. Dort tritt er gegen die Geister-Liese an. Besiegt er sie, sind die Zuginsassen frei und können sterben. Außerdem kehrt der Auserwählte zurück ins Reich der Lebenden. Besiegt er sie nicht, sind er und die Passagiere bis in alle Ewigkeit dazu verdammt, der Geister-Liese zu dienen.«

Der Wahrsager Emil öffnete seine Augen und schien jetzt erst zu verstehen, was er gesagt hatte. »Himmel, das ist ja schrecklich«, stammelte er schließlich.

»Ich werde es mit der Geister-Liese aufnehmen«, entschloss sich Mele mit fester Stimme.

»Aber Mele, Kind, du weißt nicht, was du dir da antust«, versuchte der Alte sie umzustimmen.

»Stimmt, ich weiß es nicht, sonst würde ich es garantiert nicht wagen. Also, sag mir, was ich zu tun habe.«

Emil zögerte einen Moment, gab ihr dann aber die folgenden Anweisungen: »Besorge eine gelbe Rose und lege sie um Punkt acht Uhr, keine Minute früher oder später, auf dein Fensterbrett. Danach wird ein fürchterliches Gewitter aufziehen. Achte darauf, dass du ungesehen um zwölf Uhr auf dem stillgelegten Bahngleis stehst. Der Zug wird kommen. Nur du kannst ihn sehen. Du musst unbedingt stehen bleiben, dann wird der Zug dich überfahren. Wenige Minuten später wirst du dich im Inneren des Zuges befinden. Deine Eltern werden von allem nichts merken. Besiegst du die Geister-Liese, wirst du morgens in deinem Bett aufwachen und niemand wird wissen, wo du gewesen bist. Besiegst du sie nicht, werden deine Eltern deinen Körper vor dem Haus finden. Sie werden denken, ein Blitz hat dich erschlagen. Du wärst dann für immer und ewig tot und in der Gewalt der Geister-Liese.«

»In Ordnung, aber was geschieht im Zug?«, erkundigte sich Mele.

»Nun, das wirst du wissen, wenn es so weit ist«, antwortete der alte Emil.

»Hoffentlich. Na ja, ich werde jetzt gehen. Tschüss!«, verabschiedete sich Mele und ging zur Tür.

Emil stand auch auf und rief ihr nach: »Auf Wiedersehen!« Traurig fügte er hinzu: »Hoffentlich.«

Als Mele zu Hause ankam, fragte sie ihre Mutter: »Mutti, wo kann man hier eigentlich Blumen kaufen?«

»Blumen? Hm, in Ediths Blumenstübchen, wieso?«, erwiderte ihre Mutter. »Gut, ich möchte nämlich eine Rose kaufen. Wo ist dieses Blumenstübchen denn?«

»Gleich gegenüber von der Sparkasse. Aber sag mal, wozu brauchst du denn eine Rose? Hast du einen heimlichen Freund?«, erkundigte sich die Mutter.

»Hahaha, selten so gelacht. Die und 'nen Freund. Noch nicht mal ein Sack Zement schaut die an«, stichelte Josse, der gerade dazukam.

»Nur zur Information: A: Ich habe keinen Freund. Und B: Rosen sind einfach schön. Leihst du mir fünf Mark?«, fragte Mele süß-sauer.

»Klar. Verlier sie aber nicht wieder«, rief ihr die Mutter nach.

Verlieren, verlieren. Wann hab ich schon Geld verloren, dachte Mele muffelig, doch gleich wanderten ihre Gedanken wieder zum Geisterzug. Soll ich wirklich für so 'n paar Gespenster sterben? Kann ich nicht einfach weiterleben? Ach Quatsch, ich muss es tun. Die armen Untoten. Ewig herumspuken! Ich besieg diese Geister-Liese schon.

Da stand sie auch schon vor einem kleinen Haus, an dem dick EDITHS BLUMENSTÜBCHEN geschrieben stand.

»Hm, sieht ja ziemlich heruntergekommen aus. Na ja, Hauptsache, es gibt gelbe Rosen zu kaufen«, dachte Mele und sah sich im Laden um.

»Womit kann ich dir helfen?«, riss eine Stimme sie aus ihren Gedanken. Vor ihr stand eine freundlich aussehende, ältere Dame in einer Kittelschürze.

»Oh, ich hätte gerne eine Rose. Gelb sollte sie sein«, antwortete Mele schnell.

»Bitte sehr, eine gelbe Rose. Soll ich sie dir einpacken?«, fragte die Verkäuferin.

»Nein danke, nicht nötig«, erwiderte Mele eilig.

Auf dem ganzen Rückweg grübelte Mele darüber nach, ob sie denn nun sterben sollte oder lieber nicht. Aber sie blieb dabei, den Geistern musste geholfen werden!

Zu Hause angekommen, rief ihr die Mutter schon von weitem zu: »Ach, du meine Güte, was bist du spät. Es ist schon fünf Uhr. Wir trinken gerade Kaffee.«

Fünf Uhr schon, schoss es Mele durch den Kopf. Ich habe noch genau sieben Stunden zu leben. Reichlich wenig!

»Boah, Königin Mele kommt auch noch! Sie hat keine Extraeinladung gebraucht«, empfing sie Josse, als sie in die Küche kam.

»Stell dir vor«, erwiderte Mele säuerlich. Und weil sie keine Lust mehr auf die dummen Sprüche ihres Bruders hatte, nahm sie die Rose und ging ohne Essen auf ihr Zimmer.

Um sich abzulenken, schaltete Mele den Fernseher ein und sah sich einen alten Krimi an. Doch mit den Gedanken war Mele die ganze Zeit beim Geisterzug und der Aufgabe, die ihr bevorstand. Irgendwann schlief sie ein und wurde erst wieder wach, als ihre Mutter »Abendessen« rief.

»Um Himmels willen, so spät ist es schon«, entfuhr es Mele, als sie auf die Uhr sah. Es war genau eine Minute vor acht. Schnell nahm sie die Rose und legte sie auf ihr Fensterbrett.

»Mele, komm jetzt essen. Wenigstens einmal pro Tag musst du etwas essen«, rief der Vater ärgerlich.

Dann muss ich wohl, dachte Mele und ging in Richtung Küche. Hunger hatte sie nicht, denn sie war viel zu sehr mit dem Geisterzug beschäftigt. Am liebsten hätte sie ihrer Familie alles erzählt. Aber die würden sie für verrückt erklären.

Kaum hatte sie sich an den Tisch gesetzt, hörte es die Familie von weitem donnern.

»Ih, ein Gewitter«, stellte die Mutter fest und verzog das Gesicht.

»Das kann ja heiter werden«, ergänzte Josse ironisch.

Mele hörte gar nicht zu. In Gedanken befand sie sich schon im Geisterzug. Wie Emil es vorausgesagt hat, es gewittert, überlegte sie.

»Mele? Träumst du?«, unterbrach der Vater ihre Überlegungen und wedelte mit seiner Hand vor ihrem Gesicht.

Mele erschrak und stöhnte: »Nein, aber musstest du mich so erschrecken?«

»Ja, du läufst seit gestern Abend wie Falschgeld rum. Was ist los mit dir?«, fragte der Vater besorgt.

»Nichts. Mir geht es gut«, schwindelte Mele und lenkte ab: »Seht euch mal das Gewitter an.«

Sofort stand sie auf und ging zum großen Fenster in der Stube. Mutter, Vater und Josse folgten ihr.

»Menschenskind, so ein starkes Gewitter habe ich ja fast noch nie erlebt«, erzählte der Vater.

»Ja, so doll hat es ja seit 1952 nicht mehr gewittert«, stimmte die Mutter dem Vater zu, dann rief sie: »Seht nur! Ich glaube, jetzt hat der Blitz irgendwo eingeschlagen!«

Auch Mele und Josse starrten wie gebannt aus dem Fenster,

»Hm, es ist das richtige Wetter zum Geistergeschichtenerzählen«, fand Josse.

Mele erschrak. Wusste ihr Bruder was? Aber wenn ja, wieso sagte er nicht einfach alles den Eltern?

»Eisenbahn-Geistergeschichten erzählen«, fügte er hinzu.

Mele rutschte das Herz in die Hose. »Ich geh jetzt hoch«, murmelte sie.

»Wie? Hast du etwa Angst? Sonst gehst du doch auch nicht so früh ins Bett«, meinte der Vater.

»Hahaha. Man darf doch wohl noch müde sein«, brummte Mele und ging in ihr Zimmer.

Weshalb will Josse unbedingt Geistergeschichten erzählen? Er will doch sonst auch bloß von Eisenbahnen reden, überlegte Mele und sah aus dem Fenster.

Es war ein wirklich schlimmes Gewitter. Blitze zuckten jetzt nur so über den Horizont. Sie ließen alles gespenstisch aussehen. Von weitem hörte Mele ein Feuerwehrauto. Die Mutter hatte Recht gehabt: Es hatte tatsächlich irgendwo eingeschlagen.

Lauter Donner ertönte. Dann folgte ein greller Blitz. Es begann in Strömen zu regnen. »Puh, es ist wenigstens kein trockenes Gewitter«, versuchte Mele sich aufzumuntern. Sie sah auf die Uhr. Es war erst zehn Uhr. Sie hatte noch Zeit. Sie nahm sich ein Buch. Eine Tiergeschichte. Doch sie konnte sich nicht so richtig in die Geschichte vertiefen. Also beschloss Mele schon rauszugehen, um noch einmal Luft zu schnappen.

Sie warf noch einen letzten Blick in die Stube. Dort lagen Mama, Papa und Josse auf dem Boden und erzählten Gruselgeschichten. »Und da sagte der Geist zu Ulla: ›Du musst sterben!‹«, hörte sie den Vater erzählen.

»Auf Wiedersehen«, flüsterte Mele leise. Sie schlich sich an der Stube vorbei zur Haustür, öffnete sie und verließ das warme Haus.

Der Schleier der Nacht umhüllte Mele. Es herrschte Totenstille. Nur Furcht erregender Donner war zu hören. Ein Blitz jagte den anderen. Wolken ließen den von Blitzen erhellten Horizont gespenstisch aussehen. In Gedanken starb

Mele tausend Tode. Kalt war ihr, sehr kalt, und sie zitterte wie Espenlaub. Mele lehnte sich gegen eine Eiche und kauerte sich zusammen. Auf einmal hörte sie die alte Turmuhr schlagen. Zwölf Uhr, Gespensterzeit! Da hörte sie auch schon einen Zug pfeifen.

Es ist so weit, dachte sie und stand zitternd auf. Ihr Herz pochte zwar zum Zerspringen, doch sie ging langsam weiter. Vorsichtig tastete sie sich vorwärts.

Mele konnte den Geisterzug schon kommen sehen. Sie stand auf den Gleisen. Auf einmal packte sie der Zweifel. Sie wollte davonlaufen, doch es war zu spät. Der Geisterzug kam immer näher. So nah, dass sie schon Stimmen wimmern hören konnte. Einmal noch sah sie einen Blitz zucken, dann wurde ihr schwarz vor Augen. Der Geisterzug hatte sie erfasst. Sie war tot.

Als Mele wieder zu sich kam, beugten sich Gestalten mit knochigen Körpern, starren Augen und eingefallenen Wangen über sie. Mele hörte, dass die Gestalten tuschelten: »Sie kommt zu sich!«

»Das soll unsere Retterin sein!«

»Ob sie uns befreien kann?«

»Sieht noch ziemlich jung aus!«

Mele schloss die Augen und zählte langsam bis drei: eins, zwei, drei. Sie öffnete die Augen wieder, doch noch immer beugten sich die Gestalten über sie. Ängstlich sah sich Mele um, sah abgewetzte Bänke, eingeschlagene Abteilfenster und dreckige Gänge. Kein Zweifel, sie befand sich im Geisterzug.

»Wer … wer seid ihr?«, fragte sie mit zittriger Stimme.

»Wir sind die Passagiere des verschollenen Zuges«, bekam sie zur Antwort.

Mele setzte sich auf einen einigermaßen sauberen Sitzplatz. Lange Zeit starrte sie die Untoten an, dann fragte sie: »Was soll ich denn nun machen?«

Keiner antwortete ihr. Stattdessen bekam sie eine Gegenfrage: »Was *willst* du denn machen?«

»Hm, euch von der Geister-Liese befreien und möglichst schnell wieder nach Hause gehen«, erwiderte Mele zögernd.

»Na also, dann weißt du doch schon, was du machen musst«, meinte einer der Geister. Mehr sagten die Geister nicht. Wahrscheinlich wissen die selbst nicht, was zu tun ist, überlegte Mele.

Plötzlich wurde es dunkel und ein starker Ruck ging durch den Zug. Mele schloss die Augen und zitterte.

Als es wieder hell wurde, waren die Geister ganz aufgebracht und liefen wild durcheinander.

»Wir sind da«, rief ihr einer der Geister zu.

»Wo?«, fragte Mele, doch die Untoten waren wie in Luft aufgelöst. Eine Tür wurde laut knarrend geöffnet. Herein kam eine alte Frau mit zotteligen Haaren, langen Fingernägeln, Warzen, sehr altmodischer Kleidung, einer Hakennase und mit einem zur Schlange geformten Stock in der Hand.

Mele fuhr ein Schreck durch die Glieder. Das muss wohl die Geister-Liese sein, schoss es ihr durch den Kopf.

»Wieso bist du nicht an der Arbeit?«, schrie die Geister-Liese mit donnernder Stimme.

»Äh …«, begann Mele, wurde aber sofort von der Geister-Liese unterbrochen.

»Moment, du gehörst ja gar nicht dazu! Dann bist du … die Auserwählte!« Die Geister-Liese schüttelte sich vor Lachen. »Es gibt wohl keinen Besseren auf dieser Erde«, fügte sie dazu.

»He, jetzt werd mal nicht persönlich«, rief Mele entrüstet.

»Du kleines Rotzbalg, hast mir nicht vorzuschreiben, was ich zu tun oder zu lassen habe«, donnerte die Geister-Liese. »Du bist mein Sklave, so wie alle anderen auch.«

»Moment mal, ich bin dazu auserwählt, dich zu besiegen

und die ruhelosen Untoten zu befreien, merk dir das«, giftete Mele zurück.

»Das ist vergebene Liebesmüh«, murmelte die Geister-Liese.

»Wieso? Wie kann ich dich denn besiegen? Durch einen Zweikampf? Ich bin bereit«, entschied Mele.

»Ich bin dank eines Zaubers unbesiegbar«, erklärte die Geister-Liese schadenfroh.

»Das ist feige von dir«, rief Mele und hatte eine Idee.

»Waaas? Ich und feige?«, schrie die Geister-Liese aufgebracht.

»Und ob du feige bist! Warum hast du dich unbesiegbar gezaubert? Du weißt ganz genau, dass ich dich sonst besiegen könnte«, konterte Mele.

»Niemals«, erwiderte die Geister-Liese.

»Doch! Ich würde dich alle naselang besiegen«, entgegnete Mele.

»Oh nein, das würdest du nicht! Selbst, wenn ich dir die einfachste Aufgabe der Welt geben würde, würdest du versagen«, erwiderte die Geister-Liese.

»Wetten nicht?«

»Wetten doch!«

»O.k., wetten wir. Stelle mir eine Aufgabe«, meinte Mele.

»In Ordnung, du kriegst deine Aufgabe: Wenn du es schaffst, dass einer der Zuginsassen freiwillig mein Sklave bleibt, lasse ich dich und die anderen Passagiere frei. Die Passagiere dürfen sterben und du kommst wieder nach Hause. Der Freiwillige bleibt mein Sklave. Schaffst du es nicht, einen zu überzeugen, gehörst du und die Passagiere bis in alle Ewigkeit mir.«

Diese Aufgabe war für Mele wie ein Schlag ins Gesicht. Mit allem hatte sie gerechnet, nur damit nicht. Trotzdem willigte sie ein.

»Der Zauberstab der schwarzen Magie ist verantwortlich für die Einhaltung der Regeln dieser Wette«, erklärte die Geister-Liese.

Traurig ging Mele davon, machte jedoch vor der Zugtür halt und fragte: »Wo sind die Geister?«

»Draußen«, antwortete die Geister-Liese. »Sie schnitzen Zauberstäbe für mich. Ich brauche so viele wie möglich.«

Mele öffnete die Zugtür. Seltsamerweise konnte sie in der Luft laufen. Mele sah sofort die Geister, die fleißig am Schnitzen waren. »Kommt mal alle hierher«, rief sie, »ich habe euch etwas zu sagen.« Als alle vor ihr standen, fuhr sie fort: »Ich brauche einen von euch, der freiwillig bei der Geister-Liese bleibt. Die anderen dürfen in Ruhe sterben und sind von den Qualen erlöst.«

Die Geister freuten sich sichtlich und riefen: »Jetzt sind wir endlich frei!«

»Mele hat es geschafft!«

»Die Geister-Liese wird verbannt!«

Doch keiner dachte ernsthaft daran, sich für die anderen zu opfern. Jeder meinte, der andere könnte es ja tun. So gab es keinen Freiwilligen.

Niedergeschlagen suchte Mele Rat bei einem Untoten. Sie hatte erfahren, dass er besonders weise war und außerdem noch einige Zaubersprüche kannte. Er hörte sich an, was Mele zu beklagen hatte, sprach dann aber: »Bei allem auf der Welt! Da kann ich dir auch nicht helfen. Das musst du ganz alleine schaffen.«

»Aber wie?«, fragte Mele verzweifelt und dachte daran, dass sie ihre Familie vielleicht nie wieder sehen würde.

»Hm, keiner will bei der Geister-Liese weiterhin Sklave sein. Wer *das* tut, der hat Mut. Jetzt weiß ich, wie ich dir vielleicht helfen kann! Soll ich?«, fragte der Geist skeptisch. Mele nickte begeistert. »In Ordnung, ich werde die Kräfte der weißen Magie beschwören. Hör gut zu«, erklärte er und sprach feierlich: »Kräfte der weißen Magie! Erhöret! Euer Sohn ruft euch: Wenn unter uns ein Selbstloser ist, der sich für andere opfert, soll die Geister-Liese zu Staub zerfallen. Jeder, auch der Selbstlose, kann in Ruhe sterben. Ausgenommen Mele, sie soll auf die Erde zurückkehren. Allerdings darf Mele niemandem ein Sterbenswörtchen von diesem Bund erzählen. Erfüllet mir diese Bitte! Arto xylotos finum Kraschito zonos!«

»Wow, war das Letzte Lateinisch?«, wollte Mele wissen.

»Nein, nur eine Zauberformel«, erklärte der Geist. »Und jetzt geh! Finde einen, der freiwillig Sklave bleibt. Erzähle niemandem, dass auch der Freiwillige erlöst wird. Viel Glück!«

Na ja, richtig doll hat er mir zwar auch nicht geholfen, aber immerhin, dachte Mele.

Sie ging zu den anderen Geistern zurück. Schon bei ihrer Ankunft im Geisterzug waren ihr zwei Geister aufgefallen: Ein Mann war besonders lieb mit seiner Frau umgegangen. Nachdem Mele dieses Pärchen gefunden hatte, fragte sie den Mann: »Sag mal, wie sehr liebst du deine Frau eigentlich?«

»Sehr«, antwortete der Mann, ohne zu zögern.

»So sehr, dass du alles dafür machen würdest, damit sie sterben kann und von den Qualen erlöst ist?«, forschte Mele nicht ohne Grund nach.

Da wusste der Mann, worauf Mele hinauswollte. Also erwiderte er: »Oh nein, ich bleibe nicht bei der Geister-Liese.«

Doch so schnell gab Mele sich nicht geschlagen. »Wenn du deine Frau wirklich so sehr liebst, könntest du doch gar nicht mit ansehen, wie sie sich quält. Denk an deine arme Frau«, entgegnete Mele.

»Stimmt, du hast Recht«, gab sich der Mann geschlagen. »Führe mich zur Geister-Liese.«

Mele freute sich, denn ihr Plan hatte abermals funktioniert, und so machte sie sich gleich auf den Weg. Der Mann und die Frau folgten ihr.

Bei der Geister-Liese angekommen, triumphierte Mele sofort. »Geister-Liese, du hast verloren! Ich habe einen Freiwilligen!«

Im ersten Moment erschrak die Geister-Liese, dann wurde sie ruhiger und schließlich wandte sie sich an den Mann: »Hast du dir das auch ganz genau überlegt? Du weißt hoffentlich, dass ich dich besonders hart arbeiten lassen werde. Du wirst die Arbeit von hundert Geistern machen müssen. Denke genau nach.«

Doch der Mann blieb bei seiner Entscheidung. Auch das Bitten seiner Frau, er solle es doch lieber lassen, denn so schlimm arbeiten müsste sie nun auch wieder nicht, ließ ihn kalt. Er wollte sich opfern und damit basta.

Da musste die Geister-Liese aufgeben. Sofort zerfiel sie zu Staub.

Der Mann und die Frau erschraken, doch als sie hörten, was los war, freuten sich alle riesig und riefen: »Ein dreifaches Hurra auf Mele! Hipp-hipp-hurra! Hipp-hurra-hurra! Hipp-hipp-hurra! Mele sei Dank!«

»Danke«, lächelte Mele verlegen, »aber wie soll ich denn nun eigentlich nach Hause kommen?«

Doch ehe die Geister ihr antworten konnten, wurde Mele bewusstlos.

Als sie wieder zu sich kam, lag Mele in ihrem Bett. Sie sah, wie ihre Mutter die Jalousien hochzog und fröhlich rief: »Aufgewacht, Schlafmütze! Schlafen kannst du woanders. Wir haben heute viel vor!«

Da kamen auch Meles Vater und Josse in ihr Zimmer. »Während du geschlafen hast, haben andere schon gearbeitet. Faule Socke! Niemals strengst du dich richtig an«, stichelte Josse.

Wenn du wüsstest!, dachte Mele. Sie hatte nämlich beschlossen, niemandem vom Geisterzug zu erzählen. Emil ausgenommen, versteht sich.

ENDE

Fortsetzung von Monika Feth

Mele kniff sich vorsichtig in den Arm. Wahrscheinlich träumte sie. Lag oben in ihrem kuschligen Bett, zusammengerollt wie eine Katze in der Sonne, und träumte. Es war unmöglich, dass sie hier in der Küche stand und einen Zug hörte. Au. Der Kniff hatte wehgetan. Das bedeutete, dass sie nicht träumte. Sie stand wirklich in der Küche. Sie hörte wahrhaftig einen Zug. Der Becher fiel ihr aus der Hand.

Im nächsten Augenblick rannte Mele die Treppe hoch, immer zwei Stufen auf einmal nehmend, sprang ins Bett und zog sich die Decke über den Kopf. Natürlich war das ein Traum. Er war nur so perfekt, so absolut wirklichkeitsgetreu, dass sie ihn für die Wirklichkeit gehalten hatte. Mit einem erleichterten Lächeln auf den Lippen schlief sie wieder ein.

Als sie ein zweites Mal aufwachte, war es Morgen. Licht träufelte ins Zimmer und legte sich in breiten Streifen auf den Holzfußboden. Mele war von einem Poltern geweckt worden und von einem kräftigen Fluch.

»Himmelarschundzwirn!«

Schlaftrunken kletterte Mele aus dem Bett und folgte Josses Stimme in die Küche. Josse saß auf dem Boden und rieb sich den Rücken. »Wer, verdammtverflixtverfluchtundzugenäht, hat die Schweinerei hier veranstaltet?« Niemand fluchte so gern und so ausgiebig wie Josse. Wenn er besonders wütend war, hängte er einfach mehrere Flüche aneinander, gleichgültig ob sie zusammenpassten oder nicht.

Entsetzt starrte Mele die Milchpfütze an, die von den Rändern her bereits eintrocknete. Ihr Blick wanderte über die Scherben ihres Lieblingsbechers.

»Na ja, *so* schlimm ist es nun auch wieder nicht.« Josse rappelte sich auf und begann die Scherben aufzusammeln.

Mele konnte sich nicht bewegen. Sie hatte Milch verschüttet und ihren Lieblingsbecher zerdeppert. Also war sie in der Küche gewesen. Wenn sie aber in der Küche gewesen war, dann hatte sie nicht geträumt. Dann hatte sie den Zug tatsächlich gehört.

»Du könntest mir ruhig ein bisschen helfen«, muffelte Josse, der die Scherben beseitigt hatte und nun nach dem Spültuch griff.

»Josse«, flüsterte Mele. »Ich hab heute Nacht einen Zug gehört.«

»Genau. Und demnächst sollen auch noch Weihnachten und Ostern gleichzeitig auf einen Tag im Juli fallen.« Josse machte sich ans Aufwischen, wobei er das Gesicht verzog, als wäre jede Bewegung eine Qual für ihn.

Mele tippte seine Schulter an. »Josse! Ich spinn doch nicht!«

»Du spinnst total«, sagte Josse liebenswürdig.

»Und wie ist die Milch hierher gekommen?«, fragte Mele.

Das stimmte Josse nachdenklich. »Vielleicht bist du geschlafwandelt?«

»Quatsch! Ich bin in meinem ganzen Leben noch nie geschlafwandelt.« Mele fand es alles andere als beruhigend, sich vorzustellen, dass sie eine Schlafwandlerin war.

Was, wenn sie demnächst mitten in der Nacht da draußen herumspazierte? Im Schlafanzug? Und doch war ihr diese Vorstellung weitaus angenehmer als die Vorstellung, einen Geisterzug gehört zu haben. Die Eltern schliefen, genau wie Josse, auf der anderen Seite des Flurs. Sie schliefen, genau wie Josse, bei geschlossenem Fenster. Sie hatten, genau wie Josse, nichts gehört und nahmen die ganze Angelegenheit nicht sonderlich ernst. Sie sahen nur kurz von der Zeitung auf. »Das Schlafwandeln ist, rein wissenschaftlich betrachtet, ein äußerst faszinierendes Phänomen«, sagte der Vater, bevor er sich wieder in die Lektüre des Sportteils vertiefte.

»In der Pubertät ist man häufig ein bisschen überspannt. Da hört man alles Mögliche«, sagte die Mutter, bevor sie sich wieder der Seite *Kulturelles* zuwandte.

Mele fühlte sich nicht die Spur überspannt und sie hatte nicht die geringste Lust, das Schlafwandeln rein wissenschaftlich zu betrachten. Sie fühlte sich allein gelassen und empfand im Haus plötzlich ein Unbehagen, wie man es vielleicht empfindet, wenn man weiß, dass sich in der Vorratskammer eine Maus eingenistet hat.

Zwei Nächte später wurde Mele von einem merkwürdigen Geräusch geweckt. Sie schob die Bettdecke weg und schlich zum Fenster. Wieder hörte sie dieses Geräusch, ein sonderbares Knacken und Knistern, und dann: »Auf Gleis eins fährt jetzt ein: ICE 886 Balthasar Neumann von München zur Weiterfahrt nach Hamburg-Altona über Fulda, Kassel-Wilhelmshöhe, Göttingen, Hannover, Hamburg-Hauptbahnhof, Ankunft fünf Uhr vierunddreißig, Abfahrt fünf Uhr sechsunddreißig. An Gleis eins bitte Vorsicht bei der Einfahrt des Zuges!«

Meles erster Impuls war, sich die Ohren zuzuhalten und wieder unter die Bettdecke zu krabbeln. Doch sie zwang sich, ihm nicht nachzugeben. An die Wand gelehnt, spürte sie, wie ihr mit der Kälte die Angst über die Haut kroch.

Josse, schoss es ihr durch den Kopf. Wenn sie ihn aufweckte, konnte er den Zug vielleicht noch hören. Mele rannte in Josses Zimmer und rüttelte ihn. Aber Josse war ein Schlaftier. Er brauchte jeden Morgen ein halbes Dutzend Anläufe, um wach zu werden. Als er dann endlich im Bett saß und sich verwirrt die Augen rieb, war draußen nichts mehr zu hören. Nur ein Nachtvogel schrie.

»Schlaf weiter«, sagte Mele.

Josse gähnte, legte sich hin und machte die Augen zu.

Von den Nachbarn, die am Wochenende darauf zur Einweihungsfeier kamen, wusste keiner etwas von vorbeifahrenden Zügen. Mele verstand das nicht. Die Nachbarhäuser lagen ein ganzes Stück vom alten Bahnhof entfernt, ja, aber doch nah genug an den Schienen, dass ein Zug nicht unbemerkt bleiben konnte.

Natürlich fragte Mele nicht direkt nach Geisterzügen und Geisteransagen. Sie fragte unauffällig drum herum. »Wann ist noch mal der letzte Zug hier vorbeigefahren?«

»Vor ziemlich genau fünf Jahren«, gab ein alter Nachbar bereitwillig Auskunft. »Bei der letzten Fahrt haben wir alle am Bahnhof gestanden und gewunken.« Er lächelte. »Es war ja immer ziemlich laut, aber wir haben die Züge dann doch vermisst. Gehörten einfach zu lange zu unserem Leben. Jetzt ist es richtig öde hier.«

Mele konnte gut auf das unheimliche Nachtleben verzichten. Sie zog eine friedliche, freundliche Öde auf jeden Fall vor.

»Manchmal meint man noch einen Zug zu hören …«

Mele horchte auf.

»… und dann war's doch bloß eine Sinnestäuschung. Jaja.«

Erst jetzt bemerkte Mele, dass der alte Mann ein Hörgerät trug. Sinnestäuschung, dachte sie, hast du eine Ahnung.

Sie wünschte, es wäre ihr gelungen, Josse oder die Eltern dazu zu bewegen, eine Nacht mit ihr zu wachen, damit sie ihnen beweisen konnte, dass es die Züge wirklich gab. Nicht mal auf Katharina, Meles beste Freundin, war in dieser Sache Verlass. Die hatte beschlossen, erst dann eine Nacht bei Mele zu Hause zu verbringen, wenn der Spuk aufgeklärt wäre.

»Warum interessiert dich das so?«, fragte der alte Mann.

»Och, aus keinem bestimmten Grund«, wich Mele aus. »Einfach nur so.«

»Und ich dachte schon, du hättest vielleicht etwas … gehört.«

Mele war plötzlich wie elektrisiert. »Gehört? Haben Sie denn auch …«

Doch da trank der Alte sein Glas aus und schlurfte davon. Er stützte sich auf einen Stock und ging so schief, dass man meinen konnte, er kippe jeden Moment zur Seite.

»Unser Opa Karlsen«, sagte eine Nachbarin in Meles Gedanken hinein. »Über achtzig, schwerhörig und kauzig und er lebt immer noch allein in seinem Haus. Ständig ist er unterwegs und keiner weiß, wo. Aber mach so einem alten Menschen mal klar, dass das für ihn gefährlich sein kann.«

Mele unterhielt sich mit diesem und jenem. Unauffällig näherte sie sich jedes Mal dem Thema Gespensterzug, doch die Antwort war immer dieselbe: Der letzte Zug war vor fünf Jahren hier vorbeigefahren und niemand hatte seitdem seltsame Geräusche wahrgenommen.

Dann und wann begegnete Mele Opa Karlsens Blick. Es war der schläfrige und doch wachsame Blick einer uralten Schildkröte. Etwas an dem Alten rührte Mele. Obwohl Schildkröten nicht gerade ihre Lieblingstiere waren.

In den folgenden Nächten geschah nichts. Mele schlief wie ein zufriedenes Baby und hatte angenehme Träume, an die sie sich am Morgen noch erinnern konnte. Sie versuchte an dem Gedanken Gefallen zu finden, dass sie in letzter Zeit vielleicht wirklich ein wenig überspannt gewesen war. Das Packen, der Umzug, das Einrichten, die fremde Umgebung. Vielleicht war das alles zu viel für sie gewesen.

Sie hatte überlegt, einen Kassettenrekorder aufzustellen, um zu beweisen, dass sie nicht plötzlich verrückt geworden war. Josse verlieh seinen jedoch grundsätzlich nicht und ihr eigener hatte kurz vor dem Umzug den Geist aufgegeben und so war es bei der Überlegung geblieben. Allmählich geriet der nächtliche Spuk in Vergessenheit.

So kam es, dass Mele nicht vorbereitet war, als sie eines Nachts plötzlich wieder von einer Ansage aus dem Schlaf gerissen wurde. Josse zu wecken, hatte, wie sie wusste, keinen Sinn. Bei den Eltern wollte sie es gar nicht erst versuchen, denn sie durfte keine Zeit verlieren. Sie schlüpfte in Jeans und Pullover und stürzte aus dem Zimmer.

Während sie die Treppe hinunterlief, hörte sie den Zug vorbeifahren. Als Mele die Haustür öffnete, war wieder alles ruhig. Sie blieb stehen und lauschte, die Hand noch auf der Türklinke, um jederzeit ins Haus zurückhuschen zu können. Nichts. Die ganze Welt schien im Winterschlaf erstarrt zu sein.

Mele holte tief Luft und ging langsam um das Haus herum zum Bahnsteig. Es war neblig und lausig kalt. Sie schlang die Arme um den Körper und sehnte sich nach ihrer dicken Jacke und den gefütterten Stiefeln.

Bei dem sonderbaren Laut blieb sie wie angewurzelt stehen. Es war ein leises, feines Knacken gewesen, wie von einem Apparat. Mele hielt den Atem an und starrte in die Richtung, aus der das Geräusch gekommen war.

Es war ganz still. Als hätte alles den Atem angehalten,

nicht nur Mele. Und dann hörte sie Schritte. Langsame, schwere Schritte.

Mele biss sich in die Hand, um nicht zu schreien. Sie war auf alles Mögliche gefasst gewesen – einen bläulich schimmernden Geisterzug, der über die Schienen glitt, Geisterstimmen, die über die Gleise hallten –, nicht aber auf diese Schritte, die da aus dem Nebel auf sie zukamen.

Weglaufen hatte keinen Sinn, denn vor Angst waren ihr die Knie weich geworden. Um Hilfe zu rufen, hatte auch keinen Sinn, dazu waren die Schritte schon zu nah. Sich in Luft aufzulösen, war ebenso unmöglich, wie einfach aufzuwachen und festzustellen, dass dies nun wirklich ein böser Traum war und nicht mehr. Also tat Mele das Einzige, was ihr noch übrig blieb: Sie schloss die Augen.

Die Schritte kamen näher. Mele blinzelte. Und dann sah sie die gebückte Gestalt durch die Nebelschleier schlurfen.

Er entdeckte sie fast gleichzeitig und blieb stehen. Vielleicht fuhren ihm die gleichen Gedanken durch den Kopf wie eben Mele. Er stützte sich schwer auf seinen Stock. In der freien Hand trug er einen flachen Apparat.

»Herr Karlsen«, sagte Mele erleichtert.

Opa Karlsen versteckte das Gerät hinterm Rücken, doch Mele konnte noch erkennen, dass es ein Kassettenrekorder war. Sie sah auch, wie Opa Karlsen ein Zeichen gab, sah eine rasche, flüchtige Bewegung bei den Schienen.

»Ich habe geahnt, dass du es entdecken wirst«, sagte Opa Karlsen. »Schon als der Bahnhof verkauft wurde, wusste ich, dass es aus sein würde. Aber ich war mir ganz sicher, dass du es sein würdest, die es entdeckt.« Er lächelte sie an und sein Lächeln war listig und schlau.

»Schade. Jammerschade.«

In Meles Kopf überschlugen sich die Gedanken. Opa Karlsen. Und noch jemand. Ein Kassettenrekorder ...

Opa Karlsen nickte. »Schon richtig überlegt. Bis der Bahnhof verkauft wurde, gab's kein Problem. Niemand hat uns gehört, meinen Kumpel und mich.«

Bei diesen Worten tauchte der Kumpel hinter Opa Karlsens Schulter auf, mindestens genauso alt, genauso listig, genauso schlau.

»Wir haben unser Leben lang bei der Bahn gearbeitet«, erklärte Opa Karlsen. »Mein Kumpel am Schalter und ich als Schrankenwärter. Selbst als wir in Rente waren, gab's noch allerhand zu tun. Aufräumarbeiten, weißt du? Keiner hat was dagegen gehabt. Und dann haben sie den Bahnhof stillgelegt und wir konnten gucken, wo wir bleiben.«

»Und da haben Sie den Betrieb hier einfach wieder aufleben lassen«, sagte Mele.

Opa Karlsen und sein Kumpel nickten. »Wir waren ständig unterwegs und immer beschäftigt«, sagte Opa Karlsen, »sind die Schwellen abgegangen, haben Fahrpläne zusammengestellt. Sogar für Intercitys, obwohl die nie hier durchgekommen sind.« Er lächelte bei der Erinnerung.

»Und ab und zu«, sagte der Kumpel, »haben wir die Geräusche gemacht. Genauso, als wär alles noch wie früher.« Er sah Opa Karlsen bekümmert an. »Sie werden uns in die Klapsmühle stecken.«

Opa Karlsen nickte. »Oder in eines dieser Pflegeheime. Wo sie einen in einen Rollstuhl setzen und versauern lassen.«

»Aber es weiß doch keiner Bescheid außer mir«, sagte Mele.

Opa Karlsen maß sie mit seinen flinken, schlauen Augen. Dann lächelte er. »Sie meint es ernst«, sagte er über die Schulter. »Wir können ihr trauen, glaube ich.«

Der Kumpel legte den Kopf schief und betrachtete forschend Meles Gesicht. Er grinste breit. »Stimmt«, sagte er und schlug Mele auf die Schulter, dass sie husten musste.

Die beiden Männer verschwanden im Nebel. Mele ging ums Haus herum und kroch ins Bett zurück.

»Na? Wieder Geister gehört?« Das war neuerdings Josses übliche Morgenbegrüßung.

»Klar«, sagte Mele vergnügt, statt sich zu ärgern wie sonst.

Mürrisch goss Josse Milch über seine Cornflakes. Er konnte Fröhlichkeit so früh am Morgen schlecht ertragen.

Mele lächelte in sich hinein. Kein Wort würde über ihre Lippen kommen. Und sollte irgendwer das Geheimnis von Opa Karlsen entdecken, dann würde sie mit allen Mitteln dafür sorgen, dass es trotzdem ein Geheimnis blieb. Sie sah aus dem Fenster in den frostigen, klaren Wintermorgen. Allmählich begann ihr das Leben hier zu gefallen. Was konnte es Schöneres geben als einen alten Bahnhof mit schaukelndem Sommermohn und den nettesten Geistern der Welt?

ENDE

Jutta Bauer

Fortsetzung der Klasse 6b in Kempten-Lenzfried

Hilfe
klirr!
Hoffentlich gefalle ich ihm
Hoffentlich gefalle ich ihr

7
Bis Morgen
Gute Nacht
ring ring ring
Schon wieder aufstehen
lalala
Willst du mich heiraten
Ja ich will
Hiermit sind sie Mann und frau

Ich auch
Ich freue mich schon auf Berlin
Ist hier viel Verkehr das bin ich gar nicht gewohnt
Da oben wohne ich
Oh Gott, und hier sollen wir wohnen
Warum nicht
Eddi, es ist so weit

The End

Fortsetzung von Katrin Damaschek, Klasse 6h des Martin-Niemöller-Gymnasiums in Bielefeld

EDDI's
REISE

EDDI's
REISE
Bielefeld
Sizilien

EDDI's
REISE
Bielefeld
Bielefeld

EDDI'S
REISE
The End

Fortsetzung von Jutta Bauer

Volkmar Röhrig

Der Dieb im Tunnel

Jonas beobachtet die Frau hinterm Tresen, wie sie am Computer seinen Fahrschein ausdruckt. »Warum gibt es eigentlich keinen Geburtstagstarif?«, fragt er neugierig. »Wer Geburtstag hat, darf umsonst Zug fahren. Das wäre prima!«

Die Verkäuferin sieht lächelnd von ihrem Computer auf. »Hast du etwa Geburtstag?«

»Ja, heute!«, antwortet Jonas strahlend und hält seinen Rucksack hoch. »Hier drin habe ich ein tolles Geschenk von Oma und Opa.«

»Aha?«, sagt die Verkäuferin. »Und was ist es?« Gerade will Jonas antworten, da öffnet sich automatisch die Glastür und ein Mann betritt das Reisezentrum.

Er ist völlig schwarz gekleidet, trägt einen schwarzen Bart, eine schwarze Brille und einen schwarzen Hut. Das Einzige, was Jonas von seinem Gesicht sieht, ist die Nase. Und in der steckt ein schwarzer Ring. Der Mann schreitet langsam durch die Halle und mustert alle Leute. Am Nachbarschalter schiebt sich ein rothaariges Mädchen gerade einen Kaugummi in den Mund. Sie trägt genau so einen Rucksack wie Jonas auf dem Rücken. Der Mann bleibt kurz stehen, dann geht er zum nächsten Schalter, wo ein glatzköpfiger Tätowierter nervös zur Uhr guckt. Seltsamerweise hat er den gleichen Rucksack wie Jonas und das rothaarige Mädchen!

»He, Geburtstagskind, träumst du?«, fragt die Verkäuferin. Aber Jonas starrt gebannt zu dem Glatzkopf hin. Irgendwoher kennt er ihn. Hat er sein Bild etwa auf einem Fahndungsplakat der Polizei gesehen? Bevor es ihm einfällt, öffnet sich wieder die Glastür, ein weißer Pudel rennt in die Halle und direkt zu dem Tätowierten. An der Leine zieht der Hund eine mollige Frau hinter sich her. Er schnuppert am Rucksack des Glatzkopfes und kläfft wild. »Schimanski, aus!«, ruft die Frau und zerrt ihren Pudel zurück. Der Tätowierte umklammert erschrocken seinen Rucksack. Dann nimmt er das Ticket und läuft schnell aus der Halle und zu den Bahnsteigen. Der geheimnisvolle Schwarze redet leise in ein Handy und folgt ihm. Während der ganzen Zeit geht ein Mann mit einer eigenartigen, länglichen Tasche auf der Schulter im Reisezentrum auf und ab. Plötzlich rennt er den beiden Männern hinterher.

»Haben Sie das gesehen?«, fragt Jonas aufgeregt die Frau hinter dem Schalter.

»Was?«, fragt die Frau, legt die *BahnCard* und das Ticket auf den Tresen und drückt Jonas eine kleine Taschenlampe in die Hand. »Herzlichen Glückwunsch noch zum Geburtstag!« Auf der Lampe ist ein Aufkleber: »Sei hell, fahr mit der Bahn.«

Als Jonas auf den Bahnsteig kommt, hat er die seltsamen Männer vergessen. Er freut sich auf die Fahrt und das Geburtstagsgeschenk im Rucksack. Der Zug steht bereits da. Jonas kennt sich aus, es ist ein blauer *InterRegio*. Wie immer läuft er ans Ende des Zuges und will ins letzte Abteil. Plötzlich versperrt ihm eine Frau den Gang. »Tut mir Leid, das Abteil ist besetzt!«

»Wieso, ich sitze immer hier!«, sagt Jonas trotzig und zeigt ihr seinen Fahrschein. »Außerdem habe ich reserviert!«

Ein Mann kommt dazu, flüstert der Frau etwas ins Ohr

und sagt dann: »Entschuldige, Junge. Natürlich kannst du in dieses Abteil.«

Warum ist heute alles so seltsam, denkt Jonas, als er schließlich auf seinem Stammplatz am Fenster sitzt und gerade das Geburtstagsgeschenk aus dem Rucksack holen will. Doch da geht die Abteiltür auf und Jonas erschrickt: Herein kommt der Tätowierte, nach ihm das rothaarige Mädchen. Dann erscheint auf dem Gang auch der schwarze Mann mit dem Handy und irgendwo bellt ein Hund. Jonas weiß, dass es garantiert der weiße Pudel ist.

In diesem Moment fährt der Zug los. Doch Jonas ahnt noch nicht, was es für eine aufregende und abenteuerliche Fahrt werden wird ...

Fortsetzung von Andrea Laube, Klasse 5d des Albert-Schweitzer-Gymnasiums in Kamenz

Das rothaarige Mädchen kommt auf ihn zu und fragt: »Ist der Platz hier neben dir noch frei?«

»Ja, eigentlich schon«, antwortet Jonas.

»Was heißt denn eigentlich?«

»Och, na ja ... nichts«, sagt Jonas. Dabei wird er ein bisschen rot. Schnell schaut er aus dem Fenster. Das rothaarige Mädchen öffnet die vordere Tasche ihres Rucksackes und holt ihren nun schon zweiten Kaugummi an diesem Tag hervor und stopft ihn sich in den Mund. Jonas starrt wie gebannt aus dem Fenster, noch immer ist er rot. Irgendetwas hat das Mädchen an sich, was ihn verlegen macht.

»Wie heißt du eigentlich?«, fragt das Mädchen mit neugierigem Gesicht.

»Jonas, meine Eltern nennen mich aber Johannes«, antwortet er.

»Toll, ich heiße nämlich Johanna, aber alle Freunde dürfen mich Hannah rufen«, antwortet das rothaarige Mädchen fröhlich.

»Darf ich dich auch so nennen?«, fragt Jonas.

»Aber natürlich«, antwortet Hannah.

Gerade in diesem Moment kommen zwei Männer den Gang entlang, die heftig miteinander streiten. Jonas erschrickt, denn der Mann, der auf den anderen heftig einredet, ist der Tätowierte.

»Was hast du dir dabei gedacht? Wie kann man nur so blöd sein?«, schimpft der Tätowierte.

Leider flüstern die beiden so, dass Jonas sich reichlich Mühe geben muss, um sie zu verstehen.

Nun spricht der andere Mann, der schon vor Wut rot im Gesicht geworden ist. Die Beschuldigungen ärgern ihn sichtlich. »Wäre dir etwas Besseres eingefallen? Die hätten mich sonst damit erwischt. Bei dem ...« In diesem Augenblick verstummen sie, denn der Schaffner kommt in das Abteil und fragt nach den Fahrkarten. Nach der Kontrolle lassen sie sich auf die einzige noch freie Bank nieder und streiten weiter. Sosehr sich Jonas auch anstrengt, er kann nichts mehr verstehen, denn die Plätze sind zu weit weg, am anderen Ende des Wagons.

»Hast du das gehört? Wie die sich gestritten haben? Komisch«, sagt Jonas nachdenklich.

»Was ist daran so komisch? Manchmal muss man sich halt streiten«, erklärt Hannah weise, aber ihre Augen lachen dabei spitzbübisch. »Was ich allerdings komisch finde, ist, dass du noch keinen Hunger hast.« Während Hannah in ihrem Rucksack wie wild herumkramt, um ihr Essen zu suchen, schließen sich ihre Augen zu schmalen Schlitzen.

»Ist irgendetwas nicht in Ordnung?«, fragt Jonas erstaunt.

»Und ob etwas nicht in Ordnung ist. Das kann nicht mein Rucksack sein. Hier, schau doch, da sind irgendwelche Figuren drin.« Neugierig sieht Jonas in den Rucksack. Tatsächlich. Wertvoll aussehende goldene und silberne Figuren. Jonas kommen die Figuren merkwürdigerweise bekannt vor. »Ich kenne diese Figuren, irgendwo habe ich sie schon einmal gesehen«, sagt er nun.

»Woher kennst du sie?«, fragt Hannah interessiert.

»Eben das überlege ich ja.« Nachdenklich schaut Jonas zum Fenster hinaus. Sosehr er sich auch anstrengt, es fällt ihm wirklich nicht ein.

»Was machen wir jetzt?«, fragt Hannah genervt. Sie hat einen mordsmäßigen Hunger und braucht unbedingt etwas zu essen, sonst kann sie nicht nachdenken. Das erklärt Hannah Jonas und macht sich schließlich auf den Weg in den Speisewagen, um sich eine Wurstsemmel zu holen. Im Bordrestaurant fallen ihr wieder die beiden Männer auf, die sich vorhin miteinander gestritten hatten. Sie sprechen im Flüsterton miteinander.

Hannah wird misstrauisch und beschließt die beiden zu belauschen. Die Männer sitzen an einem Ecktisch, unweit von einer kleinen Garderobe.

So unauffällig wie möglich geht Hannah zu der Garderobe und vergräbt sich in den wenigen Jacken. Jetzt kann sie die Männer undeutlich verstehen. »... ist absolut sicher bei der Kleinen. Da vermutet es bestimmt keiner«, sagt der fremde Mann, der vorhin so wütend gewesen war.

»Aber das ist wertvolles Zeug. Wenn die Kleine nun früher aussteigt, was machen wir dann?«, fragt der Tätowierte.

»Sie steigt nicht eher aus. Klaus wird schon auf sie aufpassen.«

»Wenn du meinst, aber es ist auf deine eigene Gefahr. Ich hätte die Sachen im ...«

In diesem Moment kommt ein dicker, gemütlich aussehender alter Herr zur Garderobe und will seine Jacke holen. Erstaunt sieht er Hannah an.

»Was machst du denn hier?«, fragt er.

»Äh ...«, fieberhaft überlegt Hannah, was sie sagen soll, denn man kann ja wohl kaum sagen, dass man jemanden belauscht. Da kommt ihr eine Idee. »Ja ... wir, wir spielen Verstecken, meine Geschwister und ich.«

»Ach so. Aber da gibt es bessere Verstecke als Garderobennischen.« Mit diesen Worten dreht er sich um und geht. Erleichtert atmet Hannah auf. Die beiden Männer hatten erschrocken aufgeschaut, als der Mann Hannah angesprochen hatte. Jetzt rühren beide eifrig in ihren Tassen und sehen aus dem Fenster. Eine Unterhaltung ist nicht mehr zu erwarten. Nachdenklich schleicht sie aus der Nische, ihr ist klar, dass sie mit »die Kleine« gemeint ist.

Also sind diese Figuren in ihrem Rucksack von den Männern. Anscheinend handelt es sich um Diebesgut. Als Hannah wieder bei Jonas angekommen ist, merkt sie, dass sie erstens ihre Semmel vergessen hat, und zweitens, dass Jonas immer noch genauso nachdenklich aus dem Fenster sieht wie vorhin. »Und, ist dir eingefallen, wo du die Figuren schon einmal gesehen hast?«, fragt Hannah. Noch weiß sie nicht, ob sie Jonas von dem Gespräch im Speisewagen erzählen soll.

»Nein, noch nicht, aber ich möchte mir die Sachen noch einmal ansehen. Darf ich?«

»Na klar, wenn es dir weiterhilft.« Hannah reicht ihm den Rucksack. Sofort fängt Jonas an zu wühlen. Interessiert nimmt er eine große Schachtel heraus und öffnet sie. Jonas stößt einen leisen Pfiff aus. In der Schachtel ist eine große

Kette mit vielen Diamanten. In der Mitte der Kette ist ein mit einem kleinen Saphir versehenes Goldplättchen angehängt. Gerade jetzt durchfährt der Zug einen Tunnel und der kleine Saphir funkelt in der Dunkelheit. Da zuckt Jonas zusammen. Ihm kommt gerade ein erschreckender Gedanke. »Mensch, ich weiß, wo ich alle diese Sachen schon einmal gesehen habe.« Er macht eine kleine Pause. Gespannt blickt Hannah ihn an. »Im Museum bei meinen Großeltern. Letztes Jahr war ich mit ihnen dort. Wir haben eine Führung mitgemacht und unter anderem haben sie den Effekt dieser Kette im Dunkeln gezeigt. Es war absolut klasse. Schon im Museum wusste ich, dass ich dieses Funkeln in meinem ganzen Leben nicht vergessen werde. Den Saphir würde ich unter tausenden wieder erkennen. Die Figuren sind bestimmt auch von dort. Aber wieso ist so etwas in deinem Rucksack? Ich glaube nicht, dass du etwas stehlen würdest.«

Empört schaut Hannah Jonas an. »Also ich bitte dich! Wenn es dich beruhigt, ich weiß eine Anwort auf das Ganze, glaube ich zumindest.« Nun erzählt sie Jonas von dem Gespräch im Speisewagen. Dabei werden Jonas' Augen immer größer. Dass ein Gang, bei dem man sich bloß etwas zu Essen holen will, so spannend sein kann, hat er nicht gedacht.

»Jetzt bin ich mir auch hundertprozentig sicher, dass ich das Bild des Tätowierten auf einem Fahndungsplakat der Polizei gesehen habe. Du, Hannah, wir müssen den Dieben das Handwerk legen. Die treiben schon viel zu lange ihr Unwesen … und dich bringen sie damit in Schwierigkeiten«, sagt Jonas.

»Aber wenn nicht einmal die Polizei die Täter schnappen konnte …«, wirft Hannah ein.

»Das ist doch ein Grund mehr, es zu versuchen, außerdem vermuten sie bestimmt nicht, dass zwei Kinder ihnen auf die Spur gekommen sind«, sagt Jonas. Das leuchtet Hannah ein und sie sagt: »Na gut, eigentlich liebe ich ja Kriminalgeschichten. Ich habe mich nämlich schon so auf mein Buch gefreut, aber ein echter Fall ist besser.« Nun ist sie plötzlich begeistert. Man hört sonst immer die haarsträubendsten Geschichten im Radio, dass aber sie, Hannah, so etwas einmal selbst erleben würde, hat sie nicht gedacht.

»Als Erstes müssen wir herausfinden, wo die Leute deinen richtigen Rucksack versteckt haben«, schlägt Jonas vor. Aber Hannah hört gar nicht richtig zu, denn sie spürt wieder ihren Hunger. Über dem Gespräch im Speisewagen hatte sie ihn ganz vergessen. Jonas sieht es ihr an und nickt ganz leicht, was so viel wie »Geh schon!« heißen soll. Also macht sich Hannah nochmals auf den Weg. Als sie im Bordrestaurant ankommt, sieht sie sich nach den Männern um. Nein, nichts. Enttäuscht dreht sich Hannah um und kauft sich nun endlich ihre heiß ersehnte Wurstsemmel. Auf dem Rückweg fällt ihr Blick auf den Papierkorb, in dem sie sorgfältig auseinander geschnittene Schnipsel sieht. Auf einem steht »n Klaus«.

Wurde dieser Name nicht in dem Gespräch der beiden Männer erwähnt? Interessiert sammelt sie die anderen Schnipsel auf und nimmt sie mit. Im Abteil zeigt sie sie Jonas. Begeistert macht der sich an die Arbeit und puzzelt den Brief wieder zusammen. Währenddessen genießt Hannah ihre Wurstsemmel. Puzzeln hat sie schon immer gehasst.

»Sieh mal, jetzt bin ich fast fertig. Nur ein Teil fehlt noch. Kannst du mal bitte nachsehen, ob es noch im Papierkorb liegt?«

»Hm, ich geh schon.« Etwas wütend macht sich Hannah auf den Weg. Sie hasst es, wenn man sie beim Essen stört. Das kann Jonas natürlich nicht wissen. Aber *so* wichtig würde das Teil schon nicht sein! Was tut man nicht alles für seine Freunde. Der Papierkorb ist leer. Gerade sieht Hannah die Putzfrau, wie diese den nächsten Papierkorb ausleert. »Mist! Jetzt muss ich auch noch versuchen, an die Beutel der Frau heranzukommen«, denkt Hannah. Doch die Putzfrau macht es ihr leicht. Sie schaut auf die Uhr und geht eilig den Gang entlang zum Speisewagen, die Müllsäcke hat sie stehen gelassen. Schnell rennt Hannah zu den Säcken und durchwühlt sie. Nichts! Kein einziger Schnipsel. Ärgerlich macht sie sich auf den Rückweg. Soll Jonas doch seine Schnipsel alleine suchen!

»Hast du das Teil gefunden?«, fragt Jonas, als Hannah zurückkommt.

»Nein!«, antwortet diese missmutig und greift wieder nach ihrer Semmel. Irgendwie wurmt es sie, dass Jonas den Brief zusammengesetzt hat. Aber daran ist sie selber Schuld. Sie wollte ja nicht puzzeln.

»Hier, lies mal, es ist ganz interessant«, fordert Jonas Hannah auf. Was Hannah da zu lesen bekommt, ist wirklich sehr aufschlussreich. Da steht nämlich:

An Klaus!
An der Station Heidenhof gehst du ihr nach, tauschst die Rucksäcke und verschwindest wieder im Zug.
Er hat genau 24 Minuten Aufenthalt.
Wir liefern die Sachen ab.
Weiterer Brief folgt!

Rolf und Thomas

»Jetzt stellt sich die Frage: Wer von den Männern ist Rolf, wer Thomas und wer Klaus?«

»Also, der Tätowierte und der andere Fremde können auf keinen Fall Klaus sein, denn über den sprechen sie ja. Vielleicht der schwarze Mann oder der mit der länglichen Tasche«, überlegt Jonas. In diesem Moment kommt der schwarz gekleidete Mann herein. Als er an dem Tisch von Hannah und Jonas vorbeigeht, bemerkt Hannah ein merkwürdiges Blitzen in seinen Augen. Ob er etwas mit dem Brief zu tun hat?

Aber warum dann das Blitzen in seinen Augen? Er müsste doch eher erschrocken aussehen, wenn den Brief niemand lesen soll. Vielleicht gehört er gar nicht zu der Bande? Aber warum ist er so auffällig gekleidet? Sie erzählt Jonas von ihrer Beobachtung und von der Vermutung, dass der Mann gar nicht zur Bande dazugehört, doch dieser hört nicht richtig zu.

Er überlegt. Wer von den Männern ist nun wer? Langsam bekommt er Durst. Also macht er sich auf den Weg in den Speisewagen. Auf dem Hinweg kommt er an einem Abteil vorbei, in dem der schwarze Mann sitzt und in einer Zeitung blättert. Als Jonas auf dem Rückweg mit seinem Getränk wieder vorbeikommt, tritt der schwarze Mann aus dem Abteil und macht sich auf den Weg zur Toilette. Als er die Abteiltür zuzieht, fliegt die Zeitung, in der er gerade noch gelesen hat, heraus. Jonas hebt sie auf und will sie schon dem Mann zurückgeben, als er auf die Idee kommt, dass er die Zeitung auch selber wieder in das Abteil legen kann. So kann er es unauffällig untersuchen.

Als er das Abteil betritt, bemerkt er einen merkwürdigen Geruch. Es riecht nach Ton und Verbranntem. In der Ecke liegt ein Rucksack aus Leder. Jonas legt die Zeitung auf die Sitzbank und will wieder aus dem Abteil verschwinden, als der Zug über eine sehr holprige Gleisstelle fährt. Der Rucksack macht einen kleinen Hopser und der Inhalt fliegt heraus. Erschrocken durch den Lärm dreht Jonas sich um und starrt auf den Inhalt des Rucksackes. Da liegt die Kette mit dem Goldplättchen und dem Saphir auf dem Fußboden. In diesem Augenblick hört Jonas eilige Schritte auf dem Gang.

Schnell stopft er die Kette in den Rucksack und schiebt diesen wieder unter die Sitzbank zurück. Gerade will er sich aus dem Staub machen, da wird auch schon die Abteiltür aufgerissen und der schwarze Mann will eintreten. Jetzt bin ich am Ende, denkt Jonas verzweifelt. Zum Glück kommt der Schaffner den Gang entlang und hält den schwarzen Mann auf. Diesen Augenblick nutzt Jonas aus und schiebt sich unter die Sitzbank. Hoffentlich kommt der Mann nicht auf die Idee, unter die Bank zu schauen. Doch dieser streitet mit dem Schaffner.

Jonas versucht sich währenddessen eine bequeme Liegehaltung zu verschaffen und noch einen Blick in den Rucksack zu werfen. Vorsichtig schiebt er den Rucksack zu sich hin und wirft einen Blick hinein. Das gibt es doch nicht, denkt Jonas, das sind ja die gestohlenen Sachen aus dem Museum. Aber die sind doch im Rucksack von Hannah. Ob es die Figuren doppelt gibt? Der schwarze Mann ist nun fertig mit Streiten, betritt das Abteil und schließt ärgerlich die Tür hinter sich. Mit einem Seufzer lässt er sich auf den Sitz fallen, nimmt seine Zeitung zur Hand und beginnt wieder darin zu blättern. Das kann doch nicht wahr sein, denkt Jonas, da kriecht man hier mit Mühe und Not in dieses muffige Versteck, hofft darauf, dass etwas passiert, und dann setzt der sich hin und liest Zeitung! Langsam wird Jonas schläfrig. Er zwickt sich in den Arm. Er darf ja nicht einschlafen, denn womöglich verpasst er dann etwas. Doch Jonas schläft dann doch ein, ohne es zu merken. Als er aufwacht, hört er Getrappel, Hundegebell und ein strenges »Schluss jetzt, Schimanski!« auf dem Gang. Im Abteil selbst riecht es widerlich nach verbranntem Ton. Jonas hebt den Kopf ein Stück an, um kurz darauf mit der harten Sitzbank Bekanntschaft zu schließen. Das wird eine schöne Beule geben. Marke Eigenbau, denkt Jonas. Noch einmal unternimmt der den Versuch, vorsichtig unter der Sitzbank hervorzusehen, ohne dass es der schwarze Mann sieht. Diesmal schiebt er den Kopf etwas nach vorn und das Bild, das sich im bietet, kann er kaum fassen. Vor Erstaunen hätte Jonas beinahe ein lautes »Das gibt es doch nicht!« ausgestoßen. Aber er hält sich zurück. Der schwarze Mann hat die Abteilvorhänge zugezogen und formt nun mit seinen Händen geschickt eine Figur, die in der Zeitung abgebildet ist. Da die Zeitung sehr günstig liegt, kann Jonas die Unterschrift des Bildes lesen. Da steht: »Die nashornähnliche ägyptische Götterfigur ist eines der wertvollsten Stücke im Museum Grünwald. Eine Reise ist dieses Museum auf alle Fälle wert.«

So läuft also der Hase. Der schwarze Mann fertigt die Figuren für das Museum an, während seine Komplizen ungestört das Museum ausrauben und die echten Figuren gegen die unechten austauschen. Und die Figuren in Hannahs Rucksack? Sind die nun echt oder unecht? Jonas denkt an die Kette und deren Aufblitzen in der Dunkelheit.

Nein, diese Sachen waren echt. Nun bleibt nur noch die Frage, wie er wieder aus dem Abteil herauskommt, um alles so schnell wie möglich Hannah zu erzählen. Der schwarze Mann stellt die fertig geformte Figur in einen kleinen tragbaren Brennofen, schlägt die Tür zu und schaut zum Fenster hinaus. Dabei zieht er seine Schuhe aus und schiebt sie unter die Bank, unter der Jonas liegt. In den Schuhen ist ein Name eingeschrieben. Dieter Polag. Nach einer Weile hört Jonas ein leises Schnarchen. Der schwarze Mann ist eingeschlafen.

Vorsichtig schiebt sich Jonas aus seinem Versteck hervor. Das ist die Gelegenheit, um zu verschwinden. Ganz leise steht er auf und schüttelt sich. Er sieht sich um. Auf der Bank, unter der er gelegen hatte, steht ein Farbtopf und ein Pinsel mit goldener Farbe. Daneben stehen ein Haufen Figuren, die noch angemalt werden müssen oder es schon sind. Auch auf dem Fußboden stehen noch einige. Erstaunt über das Durcheinander in diesem Abteil passt er nicht auf, wo er hintritt, und stolpert über eine noch nicht ganz trockene, auf dem Boden stehende Tonfigur. Sein silberner Glücksschlüssel mit den eingeschliffenen Buchstaben J. H., den er von seinen Eltern zum zehnten Geburtstag geschenkt bekommen hat, fällt zu Boden und bohrt sich in die Tonfigur. Der Lärm schreckt den schwarzen Mann auf. Doch ehe der sich besinnt, ist Jonas schon draußen, schmeißt die Abteiltür zu und rennt so schnell er kann den Gang entlang zum Wagon, wo Hannah auf ihn wartet. Den Glücksbringer hat er vergessen. »Na endlich. Sag mal, wo warst du denn so lange? Ich glaube kaum, dass man zweieinhalb Stunden zum Getränkeholen braucht«, sagt sie erleichtert. Hannah hat sich große Sorgen gemacht, aber das will sie nicht zugeben. Aufgeregt erzählt Jonas von dem, was er erlebt hat.

Hannahs Augen werden immer größer. Das gibt's doch nicht. »Bist du dir ganz sicher, dass niemand den Mann besucht hat? In einer Stunde steige ich nämlich aus. Da müssten sie doch noch etwas absprechen«, bemerkt Hannah. Jonas schüttelt den Kopf. Von seiner Schlafpause hat er nichts erzählt, aber wenn jemand da gewesen wäre, hätte er es bestimmt gehört.

»Sag mal, der Mann hieß Dieter, nicht?«, fragt Hannah aufgeregt.

»Ja, warum?«

»Weil auf dem Brief nur die Namen Klaus, Rolf und Thomas waren. Also kann der Dieter nichts mit ihnen zu tun haben. Aber er muss die Männer kennen, sonst hätten seine Augen nicht so ein Blitzen gehabt, als er den Brief sah«, stellt Hannah fest.

Jonas' Gesicht hellt sich auf. »Na klar, das ist es! Der

Mann hatte mal etwas mit den Leuten vom Tätowierten zu tun und gönnt denen jetzt den Erfolg nicht. Er verfolgt sie bis in den Zug, stellt falsche Figuren aus Ton her, vertauscht sie mit den echten und verschwindet. Bleibt nur noch der Mann mit der länglichen Tasche.«

»Da weiß ich Bescheid. Ich habe nämlich in der Zeitung gelesen, dass in einem anderen Museum eine wertvolle Statue gestohlen worden ist. Bestimmt hat der Mann etwas damit zu tun«, vermutet Hannah. In diesem Moment kommt die Durchsage, dass der Zug in wenigen Minuten in Heidenhof hält. Hannahs Gesicht wird blass und sie fragt: »Was soll ich denn jetzt tun? Wie bekomme ich meinen Rucksack wieder?« Jonas überlegt, er weiß zwar nicht, wie die Männer den Rucksacktausch geplant haben, aber wenn Hannah schnurstracks nach Hause geht, wird der Klaus wohl oder übel einen kleinen Rucksacküberfall machen müssen und gerade davor hat Hannah Angst.

»Wir werden es so machen, dass ich einfach mit aussteige. Dann gehst du deinen Weg nach Hause, ich rufe in der Zwischenzeit die Polizei an und berichte ihr alles. Sie kann dann kommen und die Diebe festnehmen.«

»Okay!«, sagt Hannah schwach, sie ist viel zu aufgeregt, um zu widersprechen.

In Heidenhof steigen beide aus und sehen sich um. Keiner der Männer ist zu sehen. »Wo gehst du jetzt lang?«, fragt Jonas.

»Ich gehe durch den Tunnel da vorn und dann in Richtung Heidenstraße«, antwortet Hannah mit zittriger Stimme. Jonas macht ein erstauntes Gesicht.

»Ist es nicht gefährlich durch den Eisenbahntunnel zu gehen? Wenn da ein Zug kommt!«

»Gefährlich eigentlich schon, aber ich kenne jeden Winkel des Tunnels und außerdem bin ich schneller zu Hause.«

Jonas zuckt mit den Schultern und macht sich auf den Weg zu einer Telefonzelle, um die Polizei anzurufen. Hannah geht in Richtung Tunnel davon.

Als Jonas endlich ein Telefon gefunden hat, ruft er die Polizei an, die ihm zuerst nicht glauben will, dann aber verspricht vorbeizuschauen. Erleichtert legt Jonas den Hörer auf und macht sich auf den Weg zu Hannah. Am Tunnel angekommen, bemerkt er, dass dieser ziemlich lang ist, denn den Ausgang kann man nicht sehen. Plötzlich legt sich eine eisige Hand um seinen Mund und eine Stimme flüstert: »Kein Wort oder die Welt sieht dich nie wieder.« Jonas nickt gehorsam. Was will man von ihm? Im nächsten Moment weiß er es. Man hat ihn mit Hannah verwechselt. Jonas versucht ruhig zu bleiben. Der Mann nimmt ihm den Rucksack ab und drückt ihm den von Hannah in die Hand. Da der Mann seine Hand von Jonas' Mund gelöst hat, stößt Jonas hervor: »Das ist nicht der Rucksack, den sie suchen, meine Freundin hat ihn. Sie ist auch hier im Tunnel.« Der Mann öffnet den Rucksack und starrt hinein. Dann lässt er ihn fallen und rennt Hannah hinterher.

Hannah hat in der Zwischenzeit auch Abenteuerliches erlebt. Kaum war sie im Tunnel, da stürzte der schwarze Mann auf sie zu, umklammerte ihren Mund fest und zischte ihr ins Ohr: »Rucksack her oder es passiert etwas, was du sehr bereuen wirst, falls du überhaupt noch Zeit dazu hast!« Er lachte widerlich. Hannah aber war klar, dass sie den Rucksack auf keinen Fall hergeben durfte. Gerade in diesem Augenblick hörte man Schritte und keuchenden Atem. Erschrocken drehte sich der schwarze Mann um und lockerte für ein paar Sekunden den Griff. Diese Sekunden nutzt Hannah und rennt davon. »Jetzt so schnell wie möglich weg von hier«, denkt sie. Sie rennt auf die Gleise und nimmt immer zwei Schwellen mit einem Schritt, hinter sich hört Hannah das Keuchen der beiden Männer. Von weitem dringt ein Hupton eines herannahenden Zuges an ihr Ohr. »Oh nein, muss jetzt auch noch ein Zug kommen?«

Das ratternde Zuggeräusch kommt immer näher. Schnell springt sie von den Schienen und das war keine Sekunde zu früh. Der Zug rattert vorbei und scheint kein Ende zu nehmen. Mittlerweile haben die Männer sie erreicht und sie hört eine Stimme, die schadenfroh sagt: »Na kleines Fräulein, sitzen wir in der Falle?« Ein hämisches Lachen folgt. »Oh nein«, denkt Hannah. Hinter ihr stehen der Tätowierte und der andere Mann, vor ihr der schwarze Mann und der so genannte Klaus. Verzweifelt sieht sie sich um. Gibt es keinen Ausweg? Doch da, ein dickes Leitungsrohr. Das Rohr geht an der Wand hinauf und führt an der Decke zum Ausgang. Das ist ihre einzige Chance. Die Männer kommen immer näher an sie heran. Blitzschnell fasst sie das Rohr und klettert wie ein kleiner Affe hinauf. Ein Glück, dass Hannah im Sportunterricht so gut ist. Für einen Augenblick erstarren die Männer, aber der schwarze Mann fasst sich schnell und klettert hinterher. Hannah ist mittlerweile an der Decke angekommen und hangelt sich über den Gleisen am Rohr weiter. Es schwankt bedenklich.

Ob es das Gewicht von ihr und dem Mann aushält? Der schwarze Mann aber ist ihr schon dicht auf den Fersen. Er versucht nach ihren Füßen zu greifen, dabei verliert er sein Gleichgewicht und hängt nur noch mit der rechten Hand am Rohr. Hilflos schwankt er hin und her. Plötzlich hört Hannah das erlösende Geräusch. Polizeisirenen!

Die Männer versuchen zu fliehen, aber der Tunnel ist umstellt. Erleichtert hört Hannah das Klicken der Handschellen.

Jonas ist den Tunnel entlanggerannt und sucht Hannah. Als er den schwarzen Mann am Leitungsrohr hängen sieht, tut er ihm ein bisschen Leid. Die Polizei hat ihn auch entdeckt, holt ein Netz und spannt es unter ihn. Sichtlich erleichtert lässt er sich fallen. Nun werden auch ihm Handschellen angelegt. Auch Hannah wird per Netz vom Rohr »gepflückt«. Jonas nimmt ihr den Rucksack ab und gibt ihr den richtigen.

Als sie den Tunnel verlassen, kommt ihnen einer der Polizisten entgegen und sagt: »Gute Arbeit habt ihr geleistet, aber ihr müsst trotzdem noch einmal mit auf das Polizeirevier, denn wir müssen ein Protokoll aufnehmen.« Jonas und Hannah steigen in das Polizeiauto und fahren mit zum Polizeirevier. Dort angekommen werden sie zum Warteraum gebeten. Erst werden die Männer angehört. Nach einer Viertelstunde kommt eine junge Polizistin und sagt zu Jonas und Hannah mit ernstem Gesicht: »Also, alle Männer, die die Figuren gestohlen haben, geben es zu, bis auf Dieter Polag. Er streitet es ab, die Figuren nachgemacht zu haben. Jetzt müsst ihr ran.«

Im Zimmer des Oberinspektors sitzen alle Männer in Reih und Glied. Hannah kann sich ein Grinsen nicht verkneifen. Der Beamte erklärt ihnen noch einmal die Situation und dann müssen Jonas und Hannah ihre Geschichte erzählen.

Als sie fertig sind, fragt der Oberinspektor: »Was für Beweise habt ihr, dass die Figuren nachgemacht sind, und in welchem Rucksack sind sie? Wenn die nachgemachten Figuren aus Ton sein sollten, könnten wir sie eigentlich zerschlagen, aber wir wissen ja nicht, in welchem Rucksack sie sind.«

Jonas und Hannah überlegen. Da hellt sich Hannahs Gesicht auf. Das ist die Idee! »Die Kette! Wenn man das Licht ausmacht, muss bei der echten Kette der Saphir aufleuchten.«

Jonas betrachtet bei diesen Worten den schwarzen Mann,

der sehr erschrocken aussieht. In der Zwischenzeit wühlt die Polizistin in beiden Rucksäcken, sie findet aber nur eine Kette. Als sie das Licht ausmacht, leuchtet der Saphir. Das ist die echte Kette.

»Tja, das war wohl ein Fehlschlag«, sagt der Oberinspektor, »seid ihr sicher, dass es eine zweite Kette gibt?«

»Ja!«, antworten Jonas und Hannah im Chor. Wahrscheinlich war sie auf der Verfolgungsjagd verloren gegangen. Trotzdem denkt Jonas angestrengt nach. Wenn wir keine Beweise finden, wird der schwarze Mann freigelassen, denkt er. Plötzlich hat er die Idee. »Ich weiß ein Beweisstück«, sagt er aufgeregt. »Mein Glücksbringer. Ich habe ihn auf der Flucht aus dem Abteil verloren. Dort hat er sich in eine der Figuren gebohrt. Der Glücksschlüssel muss noch drin sein.«

Die Polizistin kramt im Rucksack und zieht eine der Figuren heraus. Auf dem Boden der Tonfigur ist der Schlüssel hineingepresst. Jonas zeigt auf die zwei Buchstaben. »Das sind die beiden Anfangsbuchstaben meines Namens: Johannes Heinrich.« Erleichtert sieht Hannah ihn an. Der Glücksschlüssel ist ein echter Glücksbringer, denkt sie.

Die Männer werden nun abgeführt. Jonas und Hannah müssen nur noch ihre Namen und Adressen nennen, dann dürfen sie gehen. Die Polizistin bietet ihnen an, sie nach Hause zu bringen, doch Hannah lehnt dankend ab. Als beide das Polizeirevier verlassen, überlegt Jonas, wie er nach Hause kommen soll. Als könne Hannah Gedanken lesen, sagt sie: »Wir gehen jetzt zu meinen Eltern und von da aus rufen wir deine Eltern an. Komm!«

Fröhlich hüpft sie die Straße entlang. Hannah ist doch ein tolles Mädchen, denkt Jonas und rennt ihr hinterher.

ENDE

Fortsetzung der Klassen 5b der Sekundarschule »Alexander von Humboldt« in Naumburg

Das rothaarige Mädchen lächelte Jonas an. »Ist dieser Platz noch frei?«, fragte es Jonas. Er nickte schüchtern und rückte ein Stückchen näher ans Fenster. Das Mädchen und der glatzköpfige Mann nehmen neben ihm Platz. Der Zug hat schon ganz schön an Fahrt zugenommen. Jonas schaut aus dem Fenster. Draußen saust die ihm bekannte Landschaft wie in einem Film vorbei. Der Glatzkopf hat seinen Rucksack neben sich auf den Boden gestellt.

Die Abteiltür wird aufgerissen und mit einem freundlichen »Guten Tag, die Fahrscheine bitte!« tritt der Schaffner ins Abteil.

Jonas und die anderen Reisenden zeigen ihm bereitwillig die Fahrscheine. Mit einem »Danke, und weiterhin eine gute Reise« verabschiedet sich der Schaffner.

Nun endlich kann Jonas sich sein Geburtstagsgeschenk in aller Ruhe anschauen.

Er macht seinen Rucksack auf und holt das in rotes Geschenkpapier eingewickelte Paket heraus. Das rothaarige Mädchen schaut interessiert zu Jonas und denkt: »Was mag da bloß drin sein?«

Jonas packt das Paket aus und neben vielen Süßigkeiten erscheint ein großes, dickes Buch.

Auf dem Umschlag ist ein Urwald mit einer Flusslandschaft zu sehen. Es ist eine Reisebeschreibung aus dem Amazonas.

Voller Freude stellt Jonas fest, dass es dasselbe Buch ist, das er sich in der Buchhandlung bei Oma und Opa in der Straße angeschaut hat. Er hatte es sich schon immer heimlich gewünscht. »Ob die es geahnt haben?«

»Du hast wohl heute Geburtstag?«, fragt das rothaarige Mädchen Jonas. Er nickt voller Freude.

»Da nimm!«, sagt das Mädchen und schiebt ihm einen Kaugummi hin.

»Danke!«, sagt Jonas und lächelt stolz.

Draußen auf dem Gang hört Jonas wieder das Gebell eines Hundes, es ist die mollige Frau mit dem weißen Pudel, die noch immer einen Platz für sich und den Hund sucht.

Im Abteil wird es langsam ganz schön warm. Der Mann neben dem Mädchen, es ist scheinbar ihr Vater, wischt sich schon den Schweiß mit einem Taschentuch aus dem Gesicht. »Ich mache die Abteiltür etwas auf, damit es nicht so zieht!«, sagt er. Jonas schaut aus dem Fenster und ist ganz erstaunt, als er sieht, dass sie ja schon bald die halbe Wegstrecke zurückgelegt haben. Draußen ist herrlicher Sonnenschein, das Tal, welches sie gerade durchfahren, ist von einem herrlichen Laubwald umgeben.

»Da muss ja bald der Tunnel kommen«, denkt Jonas. Der ist ihm immer ein bisschen unheimlich, automatisch hält er seinen Rucksack mit den Geschenken fest an sich gepresst. Er muss immer an den schwarz gekleideten Mann mit dem Handy denken.

Von draußen ertönt auf einmal ein lauter Signalton von der Lokomotive. Im Abteil wird es stockdunkel. Jonas spürt, wie sich jemand an ihn schmiegt. Es ist das rothaarige Mädchen, das sich fürchterlich erschrocken hatte. Draußen bellt ein Hund und man hört eine kreischende Frauenstimme »Schimanski« schreien.

Plötzlich ist ein schleifendes Geräusch und ein Keuchen im Abteil zu hören.

Jonas denkt an die seltsamen Dinge, die er heute schon erlebt hat. Sein Herz klopft lauter und schneller als sonst.

In diesem Augenblick schaltet sich die automatische Deckenbeleuchtung ein. Im Abteil wird es wieder hell. Der dicke Mann schaut auf den Fußboden. Entsetzt stellt er fest, dass sein Rucksack verschwunden ist. Er schaut sich wutentbrannt im Abteil um. Jonas bekommt eine Riesenangst, denn der Mann sieht in diesem Moment zum Fürchten aus. Aus dem Nachbarabteil stürzen die Leute auf den Gang und rufen nach dem Schaffner. Dieser befand sich gerade am anderen Ende des Wagons und kommt nun eilig, sich durch die Leute drängend, auf das Abteil zu.

Es herrscht helle Aufregung. Jeder schaut jeden misstrauisch an.

Jonas denkt gleich wieder an den schwarzen Mann und an den mit der länglichen Tasche, den er im Reisezentrum gesehen hatte.

Die Stimmen überschlagen sich, jeder schreit durcheinander, man kann kaum sein eigenes Wort verstehen.

Am Wagenende, wo sich auch das Abteil von Jonas befindet, hört man auf einmal das Geschrei einer Frau: »Schimanski aus, Schimanski aus!«

Alle drehen ihre Köpfe zu der Frau. Und da sehen sie, wie sich der Pudel über einen Rucksack hermacht und versucht ihn mit der Schnauze zu öffnen. Es ist der gleiche Rucksack, wie ihn Jonas, das Mädchen und ihr Vater haben. Der Mann stürzt auf den Rucksack zu und erkennt, dass es sein eigener ist. Die mollige Frau entschuldigt sich bei dem Mann tausendmal und kann sich nicht erklären, wieso Schimanski so etwas getan hat. In dem Moment, als der Zug in den Tunnel fuhr und Schimanski sich unbeobachtet fühlte, hatte er sich den Rucksack geschnappt und aus dem Abteil, das ja offen stand, gezerrt.

Der Mann ist immer noch wütend, nimmt den Rucksack schnell an sich und schaut nach, ob noch alles in Ordnung ist. Als er ihn öffnet und ein großes Wurstpaket zum Vorschein kommt, bricht ein allgemeines Gelächter unter den Fahrgästen aus. Nur Schimanski kann nicht verstehen, dass man ihm seine eben so schwer erkämpfte Beute wieder weggenommen hat. Er kläfft wütend weiter und ist noch immer nicht zu beruhigen.

Versöhnlich greift der Mann in das Wurstpaket und gibt Schimanski eine große Scheibe Wurst.

Dieser freut sich riesig und wedelt freudig mit dem Schwanz.

Die mollige Frau entschuldigt sich noch ein paar Mal und setzt sich mit Schimanski auf den noch freien Platz in Jonas' Abteil. Sie beginnt mit dem Mann zu plaudern.

Auch Jonas und das rothaarige Mädchen lachen aus vollem Herzen. Jonas nimmt eine Tafel Schokolade aus dem Rucksack und bietet dem Mädchen ein Stück an.

Jonas überlegt und wundert sich, warum ihm alles heute so seltsam vorkommt. Da fällt ihm ein, dass er ja gestern bei seinen Großeltern länger wach bleiben durfte, um mit ihnen noch einen Krimi zu gucken. Deshalb sah er heute in jedem einen Verdächtigen.

Vor lauter Aufregung hat er gar nicht gemerkt, dass sie schon in seinem Heimatort einfahren.

Er nimmt seinen Rucksack und macht sich fertig zum Aussteigen. Auch das Mädchen und der Mann machen sich fertig.

Da fällt Jonas ein, wo er den Mann schon mal gesehen hat. Als er mit seiner Großmutter beim Metzger war, um noch was für die Geburtstagsfeier einzukaufen, ist ihm der tätowierte Mann aufgefallen.

Der Zug hält an und am Bahnhof nehmen ihn seine Eltern freudestrahlend in die Arme.

Zu Hause wird Jonas noch viel über seine aufregende Fahrt zu erzählen haben.

ENDE

Fortsetzung von Volkmar Röhrig

Am Fenster gleiten Felder und Wiesen vorbei. Jonas achtet nicht darauf. Die ganze Zeit starrt er wie gebannt auf die Scheibe, in der er unbemerkt das Abteil hinter sich sehen kann. Vorn neben der Tür sitzt das Mädchen und blättert scheinbar gelangweilt in einem Comic. Ihr Rucksack liegt oben im Gepäckfach. Der Tätowierte schräg gegenüber hat die Augen geschlossen und hält seinen Rucksack mit beiden Händen fest. Aber Jonas sieht, dass er blinzelt und ihn beobachtet, genau wie die Rothaarige immer wieder herüberschielt. Außerdem hat er den schwarzen Mann mit dem Handy auf dem Gang entdeckt und sogar den Mann mit der länglichen Tasche auf der Schulter.

Irgendwas stimmt hier nicht, überlegt Jonas krampfhaft. Wieso haben der Tätowierte und das Mädchen den gleichen Rucksack wie er? Weshalb sind sie ausgerechnet in sein Abteil gekommen? Warum gucken sie ständig zu ihm? Sein Geschenk fällt ihm ein. Wenn er das herausholen könnte, würde er wahrscheinlich die Antworten darauf finden. Aber er traut sich nicht. Am Ende sind die beiden ein Diebespaar, das Rucksäcke klaut. Womöglich ist der Schwarze ein Detektiv, der sie verfolgt? Was aber macht der Mann mit der eigenartigen Tasche auf der Schulter?

Die Gedanken und Fragen lassen sein Herz schneller klopfen. Am liebsten würde er jetzt aus dem Abteil rennen und den Schaffner alarmieren. Der könnte über Funk die Kriminalpolizei rufen und die Notbremse ziehen. Wahrscheinlich würden dann Hubschrauber auf dem Dach des Zuges oder neben dem Gleis landen, schwer bewaffnete Männer mit kugelsicheren Westen in den Wagen stürmen und die beiden festnehmen. Vielleicht würde er dann sogar eine dicke Belohnung bekommen und sein Bild wäre in allen Zeitungen … Jonas weiß, dass der Zug bald in den Tunnel fährt. Das wäre der beste Moment, um aus dem Abteil zu springen!

Jonas erschrickt, denn plötzlich reißt jemand die Tür auf. Es ist die mollige Frau mit dem weißen Pudel auf dem Arm. »Da ist ja noch ein Plätzchen frei?«, sagt sie, steuert sofort zu dem Platz gegenüber von Jonas und streckt sich gemütlich aus. Jonas starrt auf ihre runden Beine, die nun seinen Fluchtweg versperren. Der Pudel schnüffelt neugierig nach dem Rucksack des Tätowierten und kläfft heiser. »Entschuldigung«, sagt die Frau und versucht ihn zu beruhigen. »Er gehört meinem Nachbarn, einem Kommissar. Der macht gerade Urlaub in Italien. Wahrscheinlich haben sie ungeheuer viel Geld in ihrem Rucksack?«, meint sie lachend. »So was riecht Schimanski nämlich!«

Das rothaarige Mädchen grinst. Der Tätowierte zieht wütend seinen Rucksack weg und greift hinein. Jetzt holt er eine Pistole heraus und schießt!, ahnt Jonas erschrocken. Im selben Moment erscheint der schwarze Mann mit dem Handy wieder vor der Abteiltür und von draußen hört er einen ohrenbetäubenden Lärm: Da fliegt ein richtiger Polizeihubschrauber langsam über den Zug hinweg!

Ich bin wirklich mitten in einer Verbrecherjagd!, denkt Jonas fassungslos. Sein Magen rumort, als würde er Achterbahn fahren, und in seinem Kopf überschlagen sich die Gedanken. Was soll er tun? Sich flach auf den Boden werfen, wie er das in einem Krimi gelesen hat, oder hochspringen und die Notbremse ziehen? Soll er schreien oder beruhigend auf den Verbrecher einreden?

Gerade zieht der Tätowierte die Hand aus dem Rucksack, da rast der Zug in den Tunnel. Doch das Licht im Abteil geht nicht an, mit einem Mal ist es stockdunkel. Gleichzeitig bremst der Zug. Irgendwelche Gegenstände purzeln durchs Abteil, das Mädchen kreischt schrill, der Pudel bellt, der Tätowierte schreit etwas.

Sofort springt Jonas auf. Doch er stolpert über die Beine der dicken Frau. Die stößt einen Schrei aus. Der Rucksack rutscht ihm aus der Hand und landet im Dunkel. Einen Augenblick ist der Junge verzweifelt und hilflos, auf keinen Fall will er seinen Rucksack mit dem Geburtstagsgeschenk zurücklassen. Da fällt ihm die Lampe in der Hosentasche ein, die ihm die Fahrkartenverkäuferin gegeben hat. Mit zitternden Fingern knipst er sie an. Der Lichtkegel zuckt über den Boden. Da liegt der Rucksack direkt vor den Beinen des Tätowierten. Jonas schnappt ihn sich, reißt die Abteiltür auf und stürzt hinaus.

Mit einem Mal sind ringsum Stimmen. Die Polizei ist schon im Zug und will das Abteil stürmen!, schießt es ihm durch den Kopf und er will schnell etwas sagen. Aber da ruft jemand: »Schnitt! Licht!« Tatsächlich geht die Beleuchtung an. Verwirrt sieht Jonas sich um. Der Gang ist voller Leute, aber er entdeckt keine einzige Uniform. Sie reden und gestikulieren durcheinander, einige lachen und fast alle sehen zu ihm. Die Frau, die ihn nicht ins Abteil lassen wollte, drängt sich vor und fragt: »Wie heißt du eigentlich, Junge?«

»Was geht Sie das an? Sind Sie von der Polizei?«, erwidert Jonas unsicher, hält mit beiden Händen den Rucksack fest und geht langsam rückwärts. Er will jetzt einfach nur fort von diesem Durcheinander.

»Nein«, antwortet sie lachend. »Ich bin Regieassistentin. Und du warst gerade in einem Kriminalfilm. Glückwunsch!«

»Wie … äh, was … äh, wann …?«, stottert Jonas ungläubig.

»Ja«, sagt der Mann, der vorhin mit der Frau geflüstert hat. »Ich bin der Regisseur, wir haben soeben eine wichtige Szene gedreht.«

Jonas kann es immer noch nicht fassen. Plötzlich springt der Pudel vom Arm der Frau und bellt Jonas an. Der Regisseur greift nach dem Rucksack und sagt: »Den nehme ich dir sicherheitshalber ab.«

»Wieso?«, erwidert Jonas schnell und presst den Rucksack fest an sich. »Der gehört mir, da ist mein Geschenk drin!«

»Na, dann guck doch mal rein!«, sagt der Mann schmunzelnd.

Zögernd öffnet Jonas den Rucksack und kriegt vor Staunen kreisrunde Augen: Er ist voller Geldscheine und obendrauf liegt tatsächlich eine Pistole!

»In dem Durcheinander hast du den falschen erwischt«, erklärt der Regisseur. »Diesen haben wir mit einer Duftmarke versehen, weil der Hund ihn im Film anbellen soll. Das hast du ja bemerkt.«

Im Abteil liegen die zwei anderen Rucksäcke. »Das ist meiner!«, sagt der Junge entschieden und zeigt auf den neben dem Tätowierten. Der grinst, greift in den Rucksack und zieht langsam einen Mädchenslip heraus. Alle lachen und die Rothaarige gibt Jonas schließlich den dritten Rucksack. »Hier, der gehört dir! Meine Unterwäsche behalte ich lieber!« Sicherheitshalber äugt Jonas hinein und kann aufatmen: Endlich hat er sein Geburtstagsgeschenk wieder!

Der Regisseur erzählt ihm alles vom Film und dass die Leute im Abteil Schauspieler sind. Er erfährt, dass der Mann mit dem länglichen Gepäck der Kameramann ist und mit einer versteckten Kamera gedreht hat. Auch der Hubschrauber gehörte zum Film. Es ist ungeheuer aufregend, Jonas staunt und die Zugfahrt vergeht wie im Flug.

»Jetzt weißt du alles«, sagt der Regisseur. »Dafür wüsste ich gern, was für ein tolles Geschenk in deinem Rucksack ist.«

Jonas zeigt es bereitwillig. »Ein dickes Detektivbuch?«, staunt der Regisseur und plötzlich hat er eine Idee ...

Der Zug hält und Jonas steigt aus. Alle stehen am Fenster. Der schwarze Mann nimmt seine Brille ab, der Tätowierte winkt, die Rothaarige zwinkert ihm zu, die mollige Frau hebt den Pudel hoch und Schimanski bellt noch mal zum Abschied. »Nicht vergessen!«, sagt der Regisseur. »Deine Mutter soll mich gleich anrufen. Die Szene mit deinem Rucksack und dem Detektivbuch muss unbedingt in den Film!«

Dann steht Jonas noch eine ganze Weile auf dem Bahnsteig. Der Wind weht, er hält seinen Rucksack fest. Und er träumt immer noch und sieht dem Zug hinterher, der kleiner und kleiner wird und schließlich hinter einer Kurve verschwindet. Garantiert wird Mutti die Geschichte mit den drei Rucksäcken und dem Dieb im Tunnel nicht glauben wollen. Sie wird wieder denken, dass er das alles nur gelesen und erfunden hat. Aber diesmal hat er einen Beweis, die Telefonnummer von einem richtigen Filmregisseur!

Jonas öffnet stolz seine Hand und erschrickt. Die Hand ist leer, der Zettel ist weg ...

ENDE

Wer liest, gewinnt ...

Es macht nicht nur Spaß, die Reisegeschichten in diesem Buch zu lesen; es lohnt sich auch. Denn wenn ihr genau wisst, was in den Geschichten alles passiert, könnt ihr an einem Rätsel mit vielen tollen Preisen teilnehmen. Das Heft mit dem Rätsel heißt: »Das große Quiz vom Lesen und Reisen für Kinder – ich schenk dir eine Geschichte '99«. Am 23. April, dem »Welttag des Buches«, könnt ihr dieses Heft fast überall kostenlos bekommen: in Büchereien, Buchhandlungen, auf Bahnhöfen, in Schulen und an vielen anderen Orten. Viele Partner haben der Stiftung Lesen dabei geholfen, das Rätsel und das Buch für euch herzustellen: die Deutsche Bahn AG, die Verlagsgruppe Bertelsmann und Mitsubishi Motors Deutschland. Zahlreiche Buchhandlungen haben das Buch gekauft, um es euch zu schenken.

Viele Fragen könnt ihr ganz einfach lösen, wenn ihr noch einmal in diesem Buch nachblättert. Andere Fragen machen neugierig auf weitere spannende Reisegeschichten: zum Beispiel auf die abenteuerliche Fahrt eines Mannes, der mit seinen Freunden wettet, in 80 Tagen um die Welt zu reisen ...

Mit diesen und anderen Aktionen wird der Welttag des Buches zu einem tollen Leseereignis für alle.

Eure Stiftung Lesen